AF360010

VIE DE JEHAN GERMAIN

ÉVÊQUE DE CHALON-SUR-SAONE

ET

HISTOIRE DE DEUX CHAPELLES

DE L'ÉGLISE CATHÉDRALE

DE SAINT-VINCENT DE CHALON-SUR-SAONE,

AVEC PIÈCES JUSTIFICATIVES ET DOCUMENTS INÉDITS,

Par l'abbé C. F. **BUGNIOT**,

Membre résidant de la Société d'Histoire et d'Archéologie de Chalon-sur-Saône.

CHALON-SUR-SAONE,

MULCEY, LIBRAIRE-ÉDITEUR,

ACQUÉREUR DES ANCIENNES LIBRAIRIES FOUQUE, DEJUSSIEU ET GOUY.

—

1862.

A SA GRANDEUR MONSEIGNEUR DE MARGUERYE,

ÉVÊQUE D'AUTUN, CHALON ET MACON.

HOMMAGE.

Son très-humble et très-obéissant serviteur,

L'ABBÉ C. F. BUGNIOT.

JEHAN GERMAIN,

ÉVÊQUE DE CHALON-SUR-SAONE.

(1436—1460.)

Par l'abbé **BUGNIOT**, **Membre résidant de la Société d'Histoire et d'Archéologie de Chalon-sur-Saône.**

Historiens et annalistes me laissent dans la plus complète incertitude sur l'année de la naissance de Jehan Germain. Cependant, lorsque je compare ensemble les diverses phases connues de son existence, je me crois en droit d'affirmer qu'il naquit vers l'an 1400. Cluny fut sa patrie[1]. *Il y aurait témérité*, dit Perry, *à vouloir combattre ce sentiment, qui est reçu d'un commun consentement.* Son père, honorable bourgeois, se nommait Jacques; sa mère, Odette. Il reçut le baptême dans l'église Saint-Mayeul, sa paroisse[2]. Les auteurs ne sont pas d'accord sur la position de sa famille. Louis Jacob, le carme, le fait descendre de parents très-illustres, *præclaris natus parentibus;* tous les autres écrivains, qui traitent de la Bourgogne, et notamment des évèques de Chalon, prétendent que son origine fut modeste et pauvre. Les rédacteurs de la *Gallia Christiana* cherchent à concilier ces deux opinions. La famille de Jehan Germain, selon eux, pouvait être honorable et illustre parmi les habitants de Cluny, sans qu'elle fût toutefois assez riche pour subvenir aux dépenses que nécessitait un séjour de dix années d'études dans la capitale du royaume. Jehan Germain était, assure-t-on, porteur d'eau bénite; mais ce fait n'est point un signe d'indigence, car personne n'ignore que, pour remplir cette fonction vis-à-vis des princes, on désigne habituellement les enfants les plus distingués du pays[3]. Cette explication peut satisfaire certains critiques. Le prétendu dénûment

[1] C'est par erreur que M. l'abbé Baudiau, dans son histoire du Morvand, et un historien bysontin, le font naître, l'un au hameau de Velay, au sud-ouest d'*Étang;* l'autre, non loin de Besançon.

[2] Avant la Révolution, il y avait à Cluny trois paroisses: Saint-Mayeul, Notre-Dame et Saint-Marcel. Le territoire de Saint-Mayeul comprenait le haut de la ville, la partie nord-ouest, l'abbatiale, l'abbaye tout entière. Ce devait être la principale paroisse. Il n'en reste qu'une petite chapelle, aujourd'hui *une grange*, qui semblerait dater du XVe siècle.   (L'abbé VITREAULT.)

[3] *Gallia Christiana*, tom. IV, p. 930.

de Jacques Germain ne me semble guère compatible avec le titre de fondateur
de l'église des Carmes de Dijon, titre inscrit sur sa tombé. Il avait en outre fait
construire la bibliothèque et le chapitre de ce même couvent. A cette époque, son
fils n'était encore que simple étudiant ; il n'avait obtenu aucune dignité ; il n'était
par conséquent pas à même de tirer son père de la profonde misère à laquelle il
était réduit, dit-on [1], ni de l'enrichir subitement. Les Germain étaient probablement
une famille de légistes attachée à la cour du duc de Bourgogne.

Jacques Germain, frappé de l'intelligence précoce de son fils, mit tous ses soins
à la développer, et s'empressa de le faire instruire. *Le naturel de Jehan estoit si
enclin à l'estude, qu'il ne perdoit aucune occasion d'estudier et d'apprendre. Le maistre
des escoles de Cluny, voyant reluire en son esprit grand espoir de vertu et probité,
l'instituoit ès-bonnes lettres, avec plus grande diligence que pièce de ses autres esco-
liers, encores que plus riches* [2]. C'était alors la coutume en Bourgogne qu'un enfant
portât, le dimanche, de l'eau bénite dans chaque maison. Pendant un séjour de la
duchesse à Cluny, le jeune Germain fut chargé de cette fonction [3]. Il s'acquitta de
sa mission de si bonne grâce et d'une si gentille manière, qu'il plut à la princesse.
Ayant pris des renseignements sur cet enfant, elle apprit que son intelligence était
belle et son caractère aimable ; elle l'envoya à Paris, et l'entretint à ses dépens
durant ses études. A peine entré à l'Université, Jehan Germain s'y distingua par
un travail opiniâtre, qui fut couronné de brillants succès. Après avoir achevé son
cours de philosophie, il passa maître ès-arts, aux applaudissements de ses exami-
nateurs. Il soutint avec un rare talent ses thèses théologiques. Il conquit par son
génie tous les grades de la science sacrée ; il fut successivement bachelier, licencié ;
puis il reçut le bonnet de docteur, marque distinctive de son prodigieux savoir.

Depuis le jour où la duchesse de Bourgogne le remarqua à Cluny, elle ne cessa
de lui prodiguer ses faveurs ; elle l'employa à de grandes missions. C'est ainsi
qu'en l'année 1421, elle l'envoya à Mâcon, alors qu'il n'était que bachelier en
théologie, pour publier *la besoigne que Monseigneur de Bourgogne avoit eue à l'encontre des ennemis* [4]. Philippe-le-Bon lui portait également un très-grand intérêt.

---

[1] C'est le sentiment de M. Lorain, l'auteur de
l'Histoire de l'Abbaye de Cluny. Il nous dit que,
pour ne pas perdre le souvenir de son origine
obscure, Jehan Germain se fit peindre sur les
vitraux de l'église de Saint-Mayeul, présentant,
à genoux, un chaperon rouge à sa mère, qui
garde les pourceaux. Où M. Lorain a-t-il puisé
ce fait ? Ne serait-ce pas une simple tradition ?
Quelle en est la valeur ?

[2] *Antiquités de Bourgogne*, p. 479, par SAINT-
JULIEN DE BALLEURE.

[3] C'est sans doute le motif pour lequel Cour-
tépée le dit *clerc des vicaires*.

[4] Registre de Jean Crochat, procureur-syndic
de la ville de Mâcon.

Au retour d'un voyage en Savoie, le 15 avril 1422, le duc de Bourgogne passa à Chalon. Il ne voulut pas quitter sa bonne ville sans y laisser des traces de sa munificence. Parmi les personnes qui eurent part à ses libéralités, on remarque *Jehan Germain, étudiant à Chalon, dont la duchesse douairière avait pris soin jusque-là ; le duc le gratifia d'une pension* [1].

Jehan Germain était à Paris, s'avançant plein de gloire dans les hautes études, lorsqu'un courrier lui apporta un désolant message. Son père venait de mourir à Dijon ; Jacques Germain rendit son âme à Dieu le vingt-troisième jour de septembre, l'an 1424. Il avait choisi l'église des Carmes pour sa sépulture ; on exécuta ses volontés. Son corps fut déposé dans cette belle nef qu'il avait fondée de ses propres deniers. Plus tard, on plaça en ce lieu une tombe, bas-relief de ronde bosse, sur laquelle on représenta le mort enveloppé d'une draperie, deux anges portant une petite figure, image de l'âme du trépassé quittant son enveloppe mortelle et transportée dans le séjour des bienheureux, et à l'angle gauche, le Père éternel tenant un globe, symbole de son suprême pouvoir. Sur la même pierre tombale, on grava en caractères gothiques angulaires l'inscription suivante :

Ci-gist honorable homme Jacques Germain, bourgoys de Clugny, jadis pere de reverend pere en Dieu Jehan Germain, evesque de Chalon, fondeur de la nef de ceste eglise, qui trespassa lan MCCCCXXIIII, le XXIIIe jour de septembre. Dieu en ait lame, amen [2].

Jehan Germain n'avait pas encore atteint l'âge de pleine maturité, qu'il montrait déjà une grande sagacité, une prudence consommée et un jugement solide. Ces rares qualités, se développant chaque jour, attirèrent l'attention de Philippe-le-Bon : aussi ne tarda-t-il pas d'appeler son protégé dans son conseil. En 1429, Germain était conseiller du duc, aux gages de *deux francs par jour* [3]. *Le conseil étroit et le grand conseil* le comptèrent parmi leurs membres les plus habiles. Et, vu les conditions à remplir, ce n'était pas chose facile que d'entrer dans ces *conseils*.

Le conseil étroit était composé de six conseillers tirés de la noblesse, de l'église et des gens de loi. Il se tenait dans l'hôtel du duc et le suivait partout.

---

[1] Philippe-le-Bon soupa chez Josseran Frepier. Il fit présent à la dame et à ses deux filles de trois diamants, et fit payer aux échevins 1743 livres, qui étaient dues par le duc Jean son père, et qui furent employées à acheter une horloge pour la ville, qui n'en avait point. *Hist. de Bourg.* de Dom Merle, cont. de Dom Plancher, t. IV, p. 50.

[2] Ce monument existe encore : il est enchâssé dans le mur du grand escalier du musée de Dijon. Sa longueur est de 2 mètres 16 centimètres, sa hauteur de 87 centimètres, son épaisseur de 22 centimètres. Un de mes amis, M. Louis Morel-Retz, dessinateur habile et peintre distingué, a eu l'extrême obligeance de me faire la lithographie de cette tombe.

[3] Compte de Mathieu Regnault.

Le *grand conseil* s'assemblait à Dijon, dans une salle de l'hôtel du duc, lorsqu'il y était, et, lorsqu'il était absent, dans une salle de la chambre des comptes. Le duc ou son chancelier y présidait ; et si le chancelier était absent, le chef du conseil en devenait le président. Le grand conseil connaissait de toutes les affaires ; il était appelé à délibérer et à donner son avis sur chacune d'elles. Le duc ne faisait rien d'important, n'ordonnait rien, sans l'avoir préalablement consulté. Le nombre des conseillers n'était point fixé. Il se recrutait parmi la noblesse, l'église, les gens de loi, les hommes notables, sages et experts. Les ducs avaient le droit de choisir ceux qu'ils jugeaient dignes. Et comme les charges n'étaient pas vénales, on n'avait égard qu'au seul mérite. Ces conseillers prêtaient serment entre les mains du chancelier. Ils n'étaient pas tous obligés de résider à Dijon ; il suffisait que quatre ou cinq y fussent toujours présents ; mais ils devaient s'y rendre lorsqu'ils étaient mandés par le duc ou par le chancelier. Ils étaient chargés de gouverner les pays dont le duc était absent. La rétribution pécuniaire qui leur était assignée n'était pas la même pour tous ; les uns avaient plus, les autres moins [1].

C'est dans ces conseils, si importants par leurs attributions, que Philippe-le-Bon fit siéger le jeune Germain. Celui-ci ne tarda pas à se montrer digne de la confiance de son protecteur ; son génie le plaça bientôt à l'un des premiers rangs. Dans la discussion des affaires, il étonnait ses collègues par ses avis prévoyants et ses réponses prudentes ; ses discours étaient empreints d'une remarquable modération, d'une finesse extraordinaire et d'une prodigieuse sagacité.

Cependant Jehan Germain avait été consacré prêtre de Jésus-Christ. Philippe-le-Bon, qui l'estimait et l'aimait chaque jour davantage, l'appela aux honneurs et aux dignités de l'église. Afin de l'avoir constamment auprès de sa personne, il le nomma chanoine de la Sainte-Chapelle de Dijon. La Sainte-Chapelle, église collégiale, sous le vocable de la Sainte-Vierge et de Saint-Jean-l'Évangéliste, avait été fondée, l'an 1172, par Hugues, IIIe du nom ; elle était bâtie dans la cour même du palais. C'était la paroisse des ducs ; en 1415 elle était desservie par un doyen, quinze chanoines et quatre clercs. Le doyen était le chapelain particulier des ducs, duchesses et enfants de Bourgogne ; il remplissait envers eux les fonctions de curé ; *il était*, dit l'abbé **Fyot**, *chargé du soin de leur âme*. Aux états de la province, il précédait les doyens de la cathédrale. Ses honoraires étaient de quatre francs par jour, ceux des simples chanoines de deux francs, et la rétribution des clercs de trente sous [2]. Les chanoines étaient exempts de la juridiction des évêques et des autres personnes

---

[1] *Journal de Paris*. État des officiers et domestiques des ducs de Bourgogne, page 9.

[2] Lettres données à Châtillon, le 17 novembre 1415.

ecclésiastiques ; -ils ne relevaient que du souverain pontife. Le *Journal de Paris* rapporte que *les ducs assistaient, dans leur chapelle, à toutes les heures canoniales, même à matines, les veilles et jours de bonnes fêtes*[1]. Les chanoines avaient le droit d'élire le doyen. A peine eurent-ils vu Jehan Germain, qu'ils apprécièrent ses mérites et qu'ils lui confièrent le doyenné[2]. L'abbé de Cîteaux, comme délégué-né du saint Siége, confirma cette nomination. Philippe-le-Bon s'en montra très-satisfait ; il s'empressa de témoigner aux chanoines tout le contentement qu'il en éprouvait. C'était répondre au plus vif désir de son cœur que de choisir pour ce poste éminent le chapelain qui possédait au plus haut degré sa confiance et son affection. Mais Jehan Germain ne devait pas remplir longtemps les honorables fonctions de doyen de la Sainte-Chapelle. Un an s'était à peine écoulé que le duc le désignait pour l'évêché de Nevers. En même temps qu'il était promu à l'épiscopat, le favori de Philippe-le-Bon était de la part de son bienfaiteur l'objet d'une rare distinction ; il était nommé chancelier de l'Ordre de la Toison-d'Or, *dignité qui estoit*, écrit le P. Berthaud, *le comble et le faîte de la grandeur, après celle des souverains, pour être le plus précieux rayon de leur diadème et de leur pourpre*[3].

Le quinzième jour de janvier 1429[4], Philippe-le-Bon célébrait à Bruges ses troisièmes noces avec la princesse Ysabeau, fille de Jehan de Portugal[5]. Ce fut à cette occasion qu'il fonda ce fameux Ordre de la Toison-d'Or, le plus grand ornement de la fête de son mariage, et qui lui sembla toujours depuis un des plus beaux signes de sa gloire et de sa puissance. Il n'y eut tout d'abord que vingt-quatre chevaliers ; ceux-ci parurent dans tout leur éclat à la solennité nuptiale. Mais, l'année suivante, fut proclamé un nouveau réglement. L'Ordre devait se composer de trente-un chevaliers, gentilshommes de nom et d'armes et sans reproche. Leur chef suprême serait le duc Philippe, sa vie durant, et après lui ses successeurs les ducs de Bourgogne. Les chevaliers devaient quitter tout autre Ordre ; cette règle

---

[1] Page 93.

[2] Gratification de 50 francs donnée à Jehan Germain, doyen de la Sainte-Chapelle de Dijon, pour les frais de sa réception au doyenné, où il a été naguère élu par les chanoines. (1431, 5e compte de Mat. REGNAULT, receveur général de Bourgogne.)

[3] L'auteur du Légendaire d'Autun commet une erreur de date, lorsqu'il prétend que Jehan Germain fut créé chancelier de l'Ordre de la Toison-d'Or quelque temps après avoir été transféré à l'évêché de Chalon (1436). Tome Ier, p. 142.

[4] Certains écrivains mettent 1430 ; cette différence résulte de ce que ces derniers font commencer l'année civile au 1er janvier, comme l'a ordonné Charles IX en 1564, tandis qu'au temps de Germain elle ne commençait que le jour de Pâques ; cette remarque expliquera également la date de la mort de l'évêque de Chalon, que les uns placent en 1460, les autres en 1461.

[5] Il s'était marié une première fois à Mme Michelle de France, fille du roi Charles VI, et une seconde fois à Bonne d'Artois, sœur du comte d'Eu.

n'exceptait que les souverains autorisés à garder l'Ordre dont ils étaient chefs. Le collier qui portait la Toison-d'Or était donné par le duc; on était tenu de le lui renvoyer après le décès du chevalier [1]. Il se composait de briquets, nommés alors *fusils*, faisant jaillir des étincelles de leurs pierres. C'était la devise de Philippe-le-Bon; elle signifiait, disait-on, *que le heurter, c'était l'enflammer. Les chevaliers estoient vestus de robes vermeilles fourrées de gris, longues jusques dessoubs les genoulx, et par-dessus grants et longs manteaulx de ladicte coulleur de fine escarlatte, bordés de riches orfrois de fin or, et grans et larges et ouvrés à la fachon de fusils, comme le duc les porte; et estoient fourrés de menus vairs moult richement; et par-dessus ils portoient chapperons de pareil drap à longues coquilles doubles, à l'usage anchien, et par-dessus iceulx habits, ils portoient le collier de ladicte Ordre à descouvert* [2]. Le* but de Philippe-le-Bon, en établissant cet Ordre, était d'accroître encore l'honneur de la chevalerie, afin que par elle la vraie foi catholique, l'état de la sainte Église, la tranquillité et la prospérité de la chose publique fussent, autant qu'ils peuvent l'être, défendus, gardés et conservés. Il l'institua pour la gloire et la louange du Créateur Tout-Puissant et du Christ Rédempteur, pour la vénération de la glorieuse Vierge Marie, pour l'honneur de Monseigneur saint André, glorieux apôtre et martyr, pour l'exaltation de la foi et pour l'excitation aux vertus et aux bonnes mœurs. Les quatre-vingt-quatorze articles de l'ordonnance contenaient les devoirs imposés aux chevaliers; tous se rapportaient à la fidélité envers Dieu, à l'intégrité de la foi catholique, à la loyauté politique, à la vaillance dans les armes, etc. Les cérémonies, les réceptions, les serments, les procédures contre les chevaliers délinquants, étaient aussi réglés dans le plus menu détail. *C'était assurément*, dit un auteur célèbre, *le plus beau code d'honnèur et de vertu chevaleresque.* Outre les chevaliers, l'Ordre comptait un chancelier, un greffier et secrétaire, un trésorier et un héraut. *Le chancelier estoit ung très-nottable docteur en théologie, familier du duc, appelé maistre Jehan Germain, esleu évesque de Nevers* [3]. Pour obtenir ce titre, il fallait posséder d'éminentes qualités. Écoutez plutôt ce que dit Saint-Remy : *Pour tant que l'office est grant et de grant charge, et requiert d'avoir homme nottable, vœult et ordonne mondit seigneur le Duc que nul ne soit à iceluy office pourveu s'il n'est constitué en prélature ecclésiastique, comme archevesque, évesque, en dignité nottable, cathédrale ou collégiale église, ou personne séculière de grand recommandation ou expérience, gradué en théologie ou en droit canon et civil.* Il énumère

---

[1] Il fallait le porter tous les jours, *sous peine de faire dire une messe de quatre sols, et quatre sols donnés pour Dieu.* (SAINT-REMY.)

[2] SAINT-REMY.

[3] Idem.

ensuite les différents devoirs du chancelier : c'est lui qui garde le sceau de l'Ordre ;
c'est lui qui, pendant la tenue du chapitre de l'Ordre, recueille les avis des chevaliers, s'enquiert de la conduite de chacun, en fait part au souverain ou à son
représentant, et redit *les recommandations et louanges, ou les corrections, peines ou
punitions*, selon le jugement qui a été porté ; c'est lui qui, au temps de l'élection
des chevaliers, collige les voix et proclame ceux qui sont admis ; c'est lui enfin qui
est chargé, de par le souverain de l'Ordre, de *proposer* et mettre *avant audict
chappitre dudict ordre toutes les choses qui seront advisées pour l'honneur, prouffict
et bien d'iceluy ordre* [1].

Jehan Germain, chancelier de l'ordre de la Toison-d'Or, avait *cent cinquante francs
de gages, à cause de ladite charge* [2]. *Il avait droit de robe chacun an à la solennité de
la fête, c'est-à-dire à la Saint-Andrieu, lesquels se changeoient par aucuns jours, à
savoir, un jour il portoit le mantel fourré de menu vair, la robe fourrée de penne
de gris, et le chaperon tout d'écarlate vermeille, et l'autre jour le mantel sanglé de
drap noir, robe noire et chaperon noir, lesquels habits doivent être donnés alternativement, une année les vermeils et l'autre les noirs, ou cinquante francs chacun an* [3].

Le 29 novembre 1431, Philippe-le-Bon réunit à Lille le premier chapitre de
l'Ordre, qu'il avait créé l'année précédente. Ce jour-là même, à l'heure de vêpres,
le duc se rendit à l'église, accompagné des chevaliers de la Toison-d'Or et des
quatre officiers. Ce fut une somptuosité sans précédents. Tout le chœur était tendu
de fines et riches tapisseries tissues à or ; les trente-un sièges étaient recouverts de
la même étoffe. Au-dessus du siège de Philippe-le-Bon, on voyait un tableau *armorié
de ses armes, de hachement de son ordre et devise. Et pareillement aux deulx costés
du chœur, en haultes fourmes, estoient les sièges où se seyrent 'lesdicts seigneurs de
l'Ordre ; et par-dessus chascun siège, tableaux armoriés des armes, hachements,
ordre, noms et titres d'iceulx chevaliers. Les quatre officiers estoient assis ès busses
fourmes, par-devant le siège du duc, chascun en son degré* [4].

L'office fut célébré avec la pompe et la magnificence que le culte catholique sait
déployer dans ses solennités. Le lendemain, à huit heures, tous les membres de
l'Ordre assistèrent à la messe. Après l'Évangile, le roi d'armes les appela les uns
après les autres et les conduisit à l'autel. Là, chacun offrit une pièce d'or. *Cette
cérémonie achevée, se fist une moult belle prédication, en manière de collacion, par
le chancelier de ladicte Ordre, docteur et évesque de Nevers* [5]. Tous admirèrent l'élo-

---

[1] Mémoires de SAINT-REMY (LXIX).
[2] Lettres patentes données par le Duc à Réthel,
au mois de janvier 1431.
[3] Compte de Mat. REGNAULT, 1438, fol. 107.
[4] SAINT-REMY.
[5] Idem.

quente parole de Jehan Germain. En ce temps-là on priait beaucoup pour les vivants, mais on aimait également à se souvenir des morts et à les recommander à la miséricorde de Dieu. Dans la soirée du 30 novembre, les chevaliers revêtirent leurs habits de deuil et retournèrent à l'église, où l'on chanta les vigiles des trépassés. Le jour suivant, on fit un service solennel pour le repos de l'âme des chevaliers défunts; chaque chevalier présent porta un cierge à l'offertoire et le remit au célébrant. Ces fêtes si belles et si chrétiennes se terminèrent le 2 décembre par une messe en l'honneur de Notre-Dame. Jehan Germain s'acquitta à la satisfaction générale des nobles fonctions qui lui avaient été confiées.

De Lille, Jehan Germain se rendit directement à Nevers, pour prendre la direction de son évêché [1]. Les affaires ecclésiastiques occupaient toutes ses heures; le zèle de la gloire de Dieu l'absorbait complètement. Quelques mois s'étaient à peine écoulés, qu'un message de Philippe-le-Bon vint l'arrêter dans ses travaux apostoliques. Le duc le mandait à Bruxelles, pour de là l'envoyer *tant à Rome, devers notre trèssainct Père le Pape pour le faict de l'Ordre de la Thoison-d'Or, comme à Basle, devers le sainct concile* [2]. L'évêque de Nevers s'empressa de répondre aux désirs de son bienfaiteur. Après avoir pris ses instructions, il partit pour Rome le 16 février 1432. Le personnel de l'ambassade se composait de messire Gilbert de Launoy, maître Jehan de Fouyn, chanoine et trésorier de l'église de Besançon, maître Robert Clou, Fusil, poursuivant d'armes de l'ordre de la Toison-d'Or, et un chevaucheur d'écurie. Eugène IV reçut les envoyés du duc de Bourgogne avec les honneurs qui leur étaient dûs. Il accueillit avec une très-grande bienveillance toutes les demandes qui lui furent présentées. Dès qu'il eut terminé sa mission, l'évêque de Nevers prit la route de Bâle; c'était dans cette ville que devait se tenir le concile général, convoqué par Martin V [3]. Jehan de Fouyn et Gilbert de Launoy l'accompagnaient. Les ambassadeurs de Philippe-le-Bon arrivèrent à Bâle après l'ouverture du concile. Ceux d'Amédée, duc de Savoie, étant venus les premiers, occupaient le premier rang. Mais les Bourguignons réclamèrent. Ils devaient, disaient-ils, avoir sur eux

---

[1] Germain reçoit du duc une gratification de 200 écus d'or pour sa consécration comme évêque de Nevers. Compte de Mat. REGNAULT pour 1432.

[2] Compte 4 de J. ABONNEL, receveur de toutes les finances du duc de Bourgogne.

[3] Plusieurs auteurs bourguignons confondent le concile de Constance avec celui de Bâle, lorsqu'ils prétendent que Jehan Germain assista à l'assemblée de Constance. Cette assertion est complètement erronée. Le concile de Constance s'ouvrit le 16 novembre 1414 et se termina vers la mi-août 1418. Les ambassadeurs que le duc de Bourgogne y envoya successivement, sont R. P. en Dieu maître Martin Porée, évêque d'Arras; messire Gauthier de Ruppes, chevalier seigneur de Soye; maître Jehan Fermont et maître Gilles Tixerand, maître ès-arts; puis Guillaume de Vienne; Jehan de Neufchâtel, seigneur de Montagu; Pierre Cauchon, vidame de Reims, et Thomas de Grammon.

la préséance, parce que leur souverain avait le titre de duc plus anciennement que le prince de Savoie; celui-ci l'avait reçu en 1417 seulement. Une congrégation régla que les envoyés de Philippe-le-Bon occuperaient le côté droit, après le patriarche d'Alexandrie, et que la gauche serait donnée à ceux du duc de Savoie, après le patriarche d'Antioche. On en dressa un acte en date du 7 août 1433, en présence du cardinal Jehan, président du concile, de six autres cardinaux, des patriarches d'Alexandrie et d'Antioche, d'Amédée, archevêque de Lyon, de Hugues, archevêque de Rouen, et de beaucoup d'autres prélats. Les mêmes ambassadeurs de Bourgogne ne voulurent point céder le pas aux électeurs de l'empire, qui alléguaient leur fameuse *Bulle d'or*, ni aux députés du duc de Bretagne, qui revendiquaient les droits de leurs ducs [1]. *Maistre Jehan Germain harangua si bien et si doctement (selon son temps), que son duc de Bourgongne, six fois duc, quinze fois conte, doyen des pairs de France, et seigneur souverain en ses pays de Bourgongne, lesquels pays avoyent jadis tiltre de royaume, et leur foy a esté si fructifiante que (graces à luy) les François en furent faits chrétiens : fut déclaré par arrest du concile le premier prince chrestien après les rois, et que (comme à tel) lui appartenoit le premier droit de séance ès assemblées générales de la chrestienté* [2]. Les auteurs sont unanimes à louer le discours que l'évêque de Nevers prononça en cette circonstance, et à le féliciter de sa verve éloquente, de son tact exquis, de la prudence et de la souplesse de son langage, en même temps que de sa fermeté, qui triompha de ses compétiteurs. Ce jugement est admirablement résumé dans les deux citations suivantes, empruntées à des écrivains célèbres: *Nivernensis Episcopus a suo principe legatus ut orator ad concilium Basileense, ibique cum reliquis ducibus ac cuinam prior locus sessionis assignaretur, electoribus imperii pro Burgundiæ duce tantâ vi et eloquentiâ peroravit, tantâ prudentiâ ac ingenii dexteritate egit, ut immediate post reges collocatus fuerit, Patrum sententiâ, quæ in actis conciliorum reperitur* [3].—*Germanus acerrimum sui Domini Burgundi prærogativæ assertorem sese præbuit, eo successu, ut, gravi oratione habitâ, immediate post reges fuerit collocatus, sententiâ Patrum.*

Pendant son séjour à Bâle, Jehan Germain écrivit à l'abbé de Cluny pour le prier de lui conserver certains bénéfices de son ordre, dont il avait eu jusqu'alors la *commende.* Comme la réponse se faisait attendre, l'évêque de Nevers se plaignit. Averti du mécontentement du prélat, Oddon II de la Perrière lui adressa de Lourdon un message, pièce vraiment intéressante. L'abbé donne les motifs qui doivent faire pardonner le retard de sa lettre. *Le chapitre de l'ordre de Cluny avait l'intention*

---

[1] Continuateur de FLEURY. Livre 107, n° 126.
Actes du concile de Bâle.

[2] SAINT-JULIEN DE BALLEURE.

[3] *Gallia Christiana*, tome IV, p. 931.

de demander au concile de Bâle [1] *que toutes les commendes des bénéfices de l'abbaye, faites à d'autres qu'aux cardinaux de la sainte Église ou aux religieux de l'Ordre, fussent supprimées. Il ne fallait donc rien préjuger, de peur d'amener une scission parmi les religieux. La position était très-délicate : si on répondait aux désirs du Pontife, on pouvait soulever l'ordre tout entier contre soi-même ; en lui adressant un refus, on s'exposait à encourir son indignation, ce qui n'était pas moins pénible. Cependant Oddon se décide à promettre à l'évêque qu'il ne lui donnera pas de compétiteur pour les bénéfices dont il a la jouissance ; il le prie de lui faire connaître le plus promptement possible ses privilèges, afin de les lui conserver, si les commendes ne sont pas révoquées. Son plus vif désir a toujours été et sera toujours d'être agréable au prélat, tout en sauvegardant sa dignité et en respectant les décisions de son Ordre* [2].

Dans cette même lettre, Oddon de la Perrière s'attache à justifier le prieur *de Mantula*, professeur de théologie, son procureur et celui de tout l'ordre de Cluny au saint concile de Bâle, des accusations portées contre lui. L'évêque de Nevers

---

[1] Le concile de Bâle ne s'occupa nullement de l'importante question des commendes.

[2] R. P. et domine carissime, affectuosa recommendatione premissa, recepi quasdam vestras litteras, mentionem facientes de quadam gratia, per dominum nostrum propriam vobis facta, super acceptionem certorum beneficiorum, etc..., per quas mihi scribebatis, rogando affectuose, ne super hoc vellem vobis aliquem competitorem dare, etc...; et, quia dixistis cuidam servitori meo, qui pridem fuit *in Basileis*, quod nondum super hoc feceram vobis aliquod responsum, etc..., de quo, ut mihi retulit dictus servitor, videbamini non bene contentum, etc... super hoc, noveritis quod perplexitas hujus negotii, huc usque me impulit, nihil vobis scribere. Abbates verò et priores hujus nostri ordinis Cluniacensis, sunt intentionis laborare, *in isto sacro concilio*, quod omnia beneficia dicti nostri ordinis que sunt unita vel in *commendam* data, ceteris et personis que non sunt dicti nostri ordinis, exceptis dominis cardinalibus, reducantur et revocentur ; et ità jàm pluries fuit deliberatum, per supposita nostri ordinis ; si quando, ego qui sum caput ipsius indignus et qui debeo laborare ne membra nostra dividandur et prescindantur corpore, consentio ad illa que mihi scripsistis, vos scitis quod totus ordo clamabit ad mortem contra me... Et

ità, si de ista materia vobis scripsissem, tunc, vel scripsissem quod mihi bene placet, vel quod mihi non placet. Si primum, loco et tempore, vos possetis litteras meas omnibus de nostro ordine ostendere, et ita indignationem totius mei ordinis possem, ut predixi, incurrere, quod non debetis velle. Si secundùm, ad indignationem etiam non modicam forsan vos provocamus ; et ita in ista perplexitate constitutus, distuli vobis super isto negotio scribere. Verumtamen, ut gratia vestra predicta pocius valeat quam pereat, et ut duret quantum durare poterit, et interim Deus forte vobis providebit de longe majori episcopatu et dignitate, cogitavi vobis hoc scribere, quod, si virtute dicte gratie vestre, vos habeatis aliquod beneficium dicti nostri ordinis acceptare, quod cadat in gratia vestra, significatis mihi, ut omnino celerius poteritis, omni mora selecta ; et credatis, cum Dei adjutorio, quod non dabo vobis aliquem competitorem, quia in omnibus meis potestatibus, salvo honore meo, indubitamenter vellem vobis complacere : et hoc habeatis pro constanti, et quia forte dicte commende non revocabuntur et ita vos habeatis intentum querere... (*Chartæ ad ordinem Cluniacensem pertinentes. — Bibliothèque impériale*, fonds latin, n° 5461.)

demandait son expulsion pour avoir mal parlé de Philippe-le-Bon et s'être montré
son ennemi. Comme principal moyen de défense, l'abbé de Cluny rappelle que,
dans la fameuse dispute au sujet de la préséance, son procureur soutint avec ardeur
et vaillance le parti de Monseigneur le Duc. *Verò ipse fuit pugil strenue pro parte
dicti domini ducis, in assignacione sedium, de quibus fuit tanta contentio in concilio,
ut de hoc fui et sum plenè informatus* [1]. En l'envoyant au concile, Oddon lui avait
formellement recommandé de ne rien dire qui pût déplaire au Duc et de ne rien
faire qui lui fût préjudiciable. De Mantula lui avait juré de suivre exactement ses
prescriptions. Par le présent porteur il lui renouvelle ses injonctions; il a toute
confiance qu'il s'y conformera [2].

L'évêque de Nevers assista aux séances de l'assemblée de Bâle pendant près de
deux ans, défendant les privilèges du duc de Bourgogne et soutenant avec énergie
les prérogatives que le souverain Pontife revendiquait contre le concile. Dans cette
lutte des deux pouvoirs, Jehan Germain pencha toujours vers la Papauté; les ambassadeurs du roi de France, au contraire, inclinaient pour la suprématie du concile.
Au sein des congrégations particulières, comme dans les réunions générales, le chef
de l'ambassade bourguignonne se faisait remarquer par la droiture exquise de son
jugement et par l'élégance de son élocution. Il s'attira l'amitié de nobles personnages,
et il gagna encore dans l'estime de Philippe-le-Bon. Celui-ci lui octroya, par lettres
de Lille, 1436, comme honoraires des six cents journées qu'il passa au concile, la
somme de trois mille trois cent soixante-quinze francs, monnaie royale [3]. La faveur
ducale ne devait pas s'arrêter là.

---

[1] Lettre précédemment citée.

[2] Item, R. P., audivi quod quidem prior,
monachus meus, vos et alios dominos ambaxia-
tos domini mei metuendissimi ducis fortiter
infestavit, quantum mihi scriberetis quod ego
expellerem priorem de Mantula, sacre theologie
professorem, procuratorem meum et totius
nostri ordinis Cluniacensis in sacro basileensi
concilio, ab officio hujusmodi procuratoris, etc.
Ex eo quod ille monachus nobis dixit ipsum de
Mantula esse inimicum domini ducis, etc...
Vestra, R. P., reverentia salva, ipse pessima et
ore polluto in hoc loqutus est (ici se place la
phrase citée dans le texte, *verò ipse fuit*). Veró,
quoniam a principio concilii, ipsum ad dictum
concilium misi eidem expresse injunxi, quod
ipse super omnia bene præcaveret sibi, ne
aliquid diceret vel faceret quod posset cedere
in vituperium vel dampnum dicti domini mei
ducis, quæ mihi promisit et juravit se ita facturum... Ego, per latorem presentem, scripsi
dicto de Mantula quomodo talia et talia mihi
fuerunt de ipso relata, et eidem multum effi-
caciter prohibui, ne, de cetero, aliqua diceret
vel faceret que possent venire in dampnum et
vituperium dicti domini mei ducis. — La copie
de cette lettre de l'abbé de Cluny a été faite et
m'a été envoyée par un élève distingué de l'École
des chartes, l'excellent M. Harold de Fontenay.
Les ratures et les surcharges rendent très-difficile
la lecture de l'original.

[3] Cette somme valait 3,000 florins du Rhin,
à compter 13 gros et demi par florin; elle lui
fut accordée pour voyages *par luy faits au saint
concile de l'Eglise universelle assemblé et séant
à Basle, où Monseigneur le Duc envoya Jehan
Germain, luy estant évesque de Nevers, pour
l'y représenter, faire ce que à faire y seroit pour
luy et de su part.* (IIe Compte de REGNAULT.)

L'évêché de Nevers était d'un mince revenu, à cause des guerres auxquelles cette contrée était en proie ; ce n'était partout que dévastation, incendies et pillage. Le Duc, pour aider Germain à se maintenir dans le rang élevé qu'il occupait, lui avait fait remettre 300 francs[1]. Ceci se passait en juillet 1436. Deux mois plus tard, le chancelier de Bourgogne, Nicolas Rolin, était élevé au cardinalat et transféré à l'évêché d'Autun. L'occasion était favorable ; Philippe-le-Bon en profita pour solliciter du pape Eugène IV la translation de l'évêque de Nevers sur l'antique siége épiscopal de Chalon. Le souverain pontife accéda volontiers à ce désir, heureux de témoigner au duc de Bourgogne sa reconnaissance. De Bologne il expédia à Germain sa bulle de nomination en qualité d'évêque de Chalon. Quelques semaines plus tard, le successeur de Nicolas Rolin faisait son entrée solennelle dans sa ville épiscopale, au milieu d'un concours immense de peuple, et prenait possession du gouvernement de son nouvel évêché. Peu de jours après son installation, Jehan Germain reçut les hommages de ceux qui tenaient des fiefs de son évêché et de son église. Philippe-le-Bon se présenta le premier, afin de faire acte de soumission pour les fiefs dont il jouissait[2]. L'évêque de Chalon ne voulait point laisser tomber en déshérence les biens féodaux que son église possédait depuis un temps immémorial ; il avait à cœur de lui conserver intacts tous ses droits et tous ses privilèges.

Il n'y avait pas encore un an que Germain était installé évêque de Chalon, quand le souverain pontife l'invita au concile de Ferrare. Eugène IV, reconnaissant du dévouement que ce prélat lui avait montré, lui adressa une lettre de convocation, pleine de louanges et d'une estime toute particulière. Cette marque de bienveillance toucha profondément le cœur sensible de l'évêque de Chalon. Aussi, au temps fixé, prit-il le chemin de l'Italie pour se rendre à Ferrare.

Le but d'Eugène IV, en convoquant ce concile, était de travailler à la réunion de l'église grecque avec l'église latine. Ce schisme le désolait ; il aurait voulu qu'il n'y eût qu'un pasteur et qu'un troupeau. Les circonstances lui semblaient favorables ; il appela les deux partis, jusque-là divisés, se proposant de les réconcilier. Grecs et Latins répondirent à l'appel du chef suprème de la chrétienté ; l'empereur

---

[1] *Pour ce que son evesché de Nevers étoit de petite valeur à cause des guerres et affin qu'il eust myeult de quoy maintenir son estat au service de mondit seigneur.* (IIe Compte de REGNAULT.)

[2] Il n'est pas douteux, m'écrivait M. Marcel Canat, que ces fiefs aient été le Châtelet, le bourg de Saint-Jean de Verdun, en partie la châtellenie de Brancion, etc. — Puisque je viens de nommer M. Marcel Canat, qu'il me soit permis de lui exprimer ici toute ma gratitude pour la bienveillance avec laquelle il m'a guidé dans cette notice, et tous mes remercîments pour les nombreux documents qu'il m'a communiqués. Sa complaisance égale son savoir.

de Constantinople, Jean Paléologue, vint en personne à Ferrare; Joseph, patriarche de la cité impériale, l'accompagnait.

Le concile en était à sa treizième session, lorsque les ambassadeurs du duc de Bourgogne arrivèrent; ils étaient au nombre de quatre : les évêques de Chalon, de Térouanne, de Nevers et l'abbé de Cîteaux. Peu s'en fallut que leur conduite irrégulière ne rompît toutes les négociations. Ayant été introduits dans l'assemblée, ils saluèrent le pape, selon la coutume, en lui baisant la main droite et la joue, puis ils allèrent prendre leur place, sans rendre aucun devoir à l'empereur. Jean Paléologue fut si profondément indigné de ce manque d'égards, qu'il protesta à haute voix contre ce mépris de sa personne et de sa dignité. Il déclara qu'il quitterait immédiatement le concile et suspendrait toutes les négociations, si, dans la session suivante, on ne lui rendait pas les honneurs dus à son rang. Eugène IV et le patriarche de Constantinople mirent tout en œuvre pour conjurer ce péril. Ils finirent par obtenir des envoyés bourguignons la promesse formelle qu'ils salueraient l'empereur à la première session. Le 4 décembre 1438, jour de la quatorzième séance, l'ambassade de Philippe-le-Bon, ayant à sa tête Jehan Germain, s'arrêta devant le siège de Jean Paléologue pour le complimenter au nom du Duc. Ces félicitations furent faites avec froideur et de mauvaise grâce. Cependant, désireux avant tout du bien de la sainte Église, l'empereur s'en contenta. Il voulut éviter une rupture qui aurait pu avoir les plus fatales conséquences [1].

Cet incident terminé, les représentants des deux Églises continuèrent leurs importantes discussions. Mais la peste vint les arrêter au plus fort de leurs travaux. La maladie sévit avec une telle intensité, que le pape se vit obligé de transporter le concile dans une autre cité; son choix s'arrêta sur Florence. En quittant Ferrare, Jehan Germain revint à Chalon. A son arrivée, il présida à l'achèvement des voûtes de la cathédrale de Saint-Vincent, commencées depuis longues années [2]. Les premiers mois de son retour furent employés aux affaires ecclésiastiques. Mais bientôt ses hautes fonctions de conseiller de Philippe-le-Bon l'enlevèrent à sa ville épiscopale, et le mêlèrent d'une manière très-active aux questions qui préoccupaient en ce temps-là le duc de Bourgogne. C'est ainsi qu'il fut appelé à Mâcon le 24 mai 1439, *pour adviser sur le fait des écorcheurs, afin que plus ne retournassent pour domaigier le païs de Bourgogne* [3]. Vers la fin de cette même année, les gens des trois États furent

[1] *Hist. eccles.* pour servir de continuation à celle de FLEURY, tome 22, livres 107, 127, 128, 129.

[2] Germano autem à prædicta synodo reverso, absolvitur ecclesiæ Vincentianæ concameratio lapidea. (*Gal. Christ.*) Plusieurs auteurs bourguignons, que j'ai consultés avec soin, prétendent que ces voûtes avaient été commencées en 1280. On aurait donc mis presque deux siècles pour les achever!

[3] Compte de P. HUGONIN.

convoqués à Dijon, afin d'*eslire et députer entre eux aucuns nottables qui voisent à la journée de Bourges, que le Roy a ordonné tenir touchant le traitié de la paix générale d'entre les royaulmes de France et d'Angleterre*[1]. A la tête de l'ambassade du Duc et de la députation des États fut placé Jehan Germain. Trois ans plus tard, je retrouve les envoyés de la cité de Mâcon, bailli en tête, se rendant à Champforgeuil, auprès de l'évêque de Chalon ; celui-ci portait le titre de *chief* du conseil ; comme il représentait Philippe-le-Bon, alors en Flandre, il fut chargé de juger le différend. En 1446, il fut envoyé, avec Pierre de Goux, maître des requêtes, et le seigneur de Charny, vers le roi, touchant les désordres des gens de guerre faits à Crevant[2]. Ces quatre particularités, prises dans les mémoires du temps, montrent le rôle important qui fut confié à Germain dans les affaires publiques du duché de Bourgogne. Pendant plus d'un quart de siècle, il prit part à tous les événements les plus graves, et souvent il fut appelé à les diriger.

Malgré l'immense puissance que possédait l'évêque de Chalon, il se trouva des hommes qui ne craignirent pas de lui résister en face et de maintenir ce qu'ils jugeaient leurs droits ; j'en citerai deux : l'abbé de Tournus et l'abbé de Saint-Pierre de Chalon.

Un conflit s'était élevé entre l'abbé de Tournus et Jehan Germain, non-seulement à cause de quelques actes de justice commandés par l'évêque dans l'enclos de l'abbaye, malgré son exemption, mais principalement parce qu'il avait défendu aux chapelains et aux autres prêtres de la ville de dire la messe à certains autels de l'abbaye, et aux fidèles de l'y entendre, sous peine d'excommunication *ipso facto*. Afin de motiver cette rigueur, le prélat alléguait que, contre son droit, l'abbé avait fait venir un évêque jacobite, résidant alors à Mâcon, pour réconcilier le cimetière de l'abbaye, pollué par effusion de sang, et pour consacrer dans son église les autels de Saint-Philibert, de Saint-Antoine, de Saint-Blaise, de Saint-Georges, de Saint-Eustache et de Notre-Dame-de-Consolation. Ce procès n'était pas terminé, qu'un nouveau débat s'élevait entre les deux mêmes personnages. C'était d'abord à l'occasion d'une autorisation, concédée par le pape Eugène IV à la paroisse de la Magdeleine, d'avoir son cimetière à elle, tant dedans qu'autour de l'église. Jusque-là tous les morts étaient portés soit au monastère de Saint-Philibert, soit à la chapelle de Saint-Valérien. Le clergé et les paroissiens de la Magdeleine avaient réclamé auprès du souverain pontife ; celui-ci avait favorablement accueilli leur demande,

---

1 2ᵉ Compte de L. de VISEN.   2 Compte de Jean de VISEN.

et il venait d'adresser à Jehan Germain sa bulle pour la mettre à exécution [1]. L'évêque ne manqua pas d'obéir. Le dimanche après l'Assomption de la Sainte-Vierge, 1448, il dédia et consacra l'église de la Magdeleine avec cinq autels, sans compter le grand, et bénit le nouveau cimetière. Jean de Saint-Pierre, abbé de La Ferté, l'assistait dans cette cérémonie. L'autre motif du différend était que le même prélat avait visité la chapelle de Saint-Valérien, y avait tonsuré plusieurs clercs et avait réconcilié le cimetière. Les moines prétendaient que l'évêque avait empiété sur leur juridiction; l'évêque répondait que cette chapelle n'était pas dans l'enclos du monastère, que l'on pouvait présumer qu'elle avait été église paroissiale; enfin, qu'il avait fait plusieurs fois, au vu et au su des religieux, ce dont ils se plaignaient alors. L'affaire fut portée devant le bailli de Mâcon; il y eut des renvois de termes en termes; on prolongea tant ce procès que je n'ai pu savoir comment il finit [2].

L'abbé de Saint-Pierre de Chalon n'était pas plus soumis que son collègue de Tournus. L'évêque le convoque à un synode qu'il tenait dans son palais. L'abbé refuse de s'y rendre, disant qu'il était en cela exempt de l'ordinaire. Jehan Germain menace de l'excommunier. On en appelle au souverain pontife. Nicolas V répond en adressant à l'abbé un bref d'exemption. La cause était jugée.

A son retour de Tournus, l'évêque de Chalon consacra l'église de Sainte-Marie dans sa cité épiscopale. Les tablettes de pierre commémoratives de cette solennité existent encore; elles sont incrustées dans les murs du portail de l'ancienne église de Sainte-Marie. Elles portent l'inscription suivante :

« Nous, Jehan Germain, evesque de Chalon, docteur en théologies, certiffions
» à tous que, l'an MCCCCXLVIII, le dymanche après la Toussaint, avons dedié
» ceste présente eglise de Sainte-Marie-les-Chalons et en ycelle consacré le grant
» autel, le autel Saint-Nycolas, de la Magdeleine, de Saint-Laurent, de Saint-Jehan-
» Baptiste, de Saint-Anthoine et du Saint-Esprit, et en faveur de ladite dedication
» avons donné et donnons perpetuellement à tous ceulx qui visiteront ladite eglise
» le jour de la dicte dedicace et les offices pour 1 chacun jour, XL jours de pardon.
» Tesmoing R^d Père en Dieu Jehan, abbé de la Ferté, docteur en théologie;
» maistre Jehan Breton, P. du Laret, P. Morisot, chanoine dudit Chalon, et
» plusieurs autres. Maistre Vincent Chatain, curé de céans. A. Brun, Giles......,
« notaire; Jehan Symon, Guill. Maille, prebstres. Aussi fut présent frère L. de

---

[1] *Le pape*, dit Juénin, *pouvait bien être indisposé contre l'abbaye.* Pour ma part, je n'en serais nullement surpris, sachant que l'ancien abbé de Tournus, le cardinal de Varembon et le cardinal Aleman, oncle du nouvel abbé, avaient travaillé à faire déposer Eugène IV au concile de Bâle, et à mettre à sa place Amédée VIII, duc de Savoie, sous le nom de Félix V.

[2] *Hist. de Tournus* par JUÉNIN. page 223.

» Durestal, prieur de céans. MM. Jehan et Pierre Guillet frères, M. B. Papon,
» curé de Talenay, qui veyla l'église la nuit de la dédicace. Ph. et Alex. Jorno
» frères. R. Mernetri. Jacob Nitau, Jean Gaule. »

Jehan Germain n'était pas moins remarquable par sa piété que par son génie.
Il avait surtout une tendre dévotion envers la Très-Sainte Vierge. Depuis longtemps
il avait conçu le projet de faire, en l'honneur de la Mère de Dieu, une fondation
importante. L'an 1450, il réalisait cette généreuse pensée, en dictant l'acte d'érection
d'une chapelle à Notre-Dame-de-Pitié dans la cathédrale de Saint-Vincent[1]. *C'est
une des plus belles et des plus pieuses actions*, dit le P. Perry, *que notre évêque
ait faites durant sa vie, certainement elle lui a acquis de grands mérites et rendra
son nom immortel.* Pendant plusieurs siècles elle a joui d'une immense célébrité;
c'est elle qui a le plus contribué à conserver vivant parmi nos populations le souvenir de Jehan Germain.

Cette même année, on célébra la fête de la Toison-d'Or dans la ville de Mons, en
Hainaut. A la messe, l'évêque de Chalon, chancelier de l'Ordre, fit un magnifique
discours. *Il proposa la grande désolation et ruine, en quoy l'Église militante
estoit, en requérant les chevaliers dudict Ordre et autres, pour le confort d'icelle
nostre mère désolée; et sur ceste matière par iceux chevaliers furent prises de moult
belles conclusions, pour le service de Dieu augmenter et la foi maintenir*[2]. Quelques
jours après son retour à Chalon, l'évêque reçut de Charles VII un message qui lui
annonçait la reddition du duché de Normandie et son annexion au royaume de
France. Le roi demandait des prières publiques en actions de grâces. Le 14 octobre,
les Chalonnais assistèrent à de solennelles processions; et depuis cette époque,
chaque année, le douzième jour d'août, ils célébrèrent le souvenir de cet événe-
ment mémorable.

L'exemple donné par Jehan Germain, en élevant une chapelle à Notre-Dame-de-
Pitié, ne devait pas tarder à avoir des imitateurs. En ce siècle de foi ardente, chacun
voulait contribuer à la gloire de Dieu et à la sanctification des âmes. Nul n'aurait
osé quitter cette terre sans avoir laissé à l'Église un témoignage de sa munificence
et de sa piété. Telles étaient en particulier les sentiments d'un gentilhomme de
Philippe-le-Bon, nommé Janus d'Or. Dans un séjour qu'il fit à Dole pour les affaires
du duc, il fut touché des vertus que pratiquaient les Cordeliers de cette ville; il
résolut dès-lors d'en amener une colonie à Chalon. Cet officier de la maison ducale

---

[1] Cette fondation est d'une telle importance,
que j'ai cru devoir lui consacrer une notice à
part; le lecteur la trouvera à la suite de la
biographie de Jehan Germain.

[2] Mém. d'OLIVIER DE LA MARCHE, p. 486.

avait une petite propriété à Saint-Laurent; il l'offrit aux religieux, qui s'empressè-
rent de l'accepter [1]. Cela ne suffisait pas, il fallait construire; Philippe-le-Bon
promit son concours. Il commença par envoyer de Dijon ses propres architectes;
on se mit de suite à l'œuvre. Le 21 juin 1452, Jehan Germain bénit la première
pierre qui devait être posée dans les fondements de l'église. On y jeta quelques
pièces d'or et d'argent, et l'évêque pria Dieu de répandre ses bénédictions sur un
ouvrage que Philippe-le-Bon allait offrir à sa Majesté sainte [2].

Le 5 novembre de la même année, Jehan Germain faisait la consécration de l'église
de Rully. Le procès-verbal de cette dédicace est gravé en lettres noires et gothiques,
sur une table carrée de pierre blanche, placée dans la nef. Il est conçu en ces
termes : « Nous, Jehan Germain, évêque de Chalon, docteur en théologie, certifions
» à tous que l'an MCCCCLII, le dimanche après la feste de Toussaint, V^e jor de
» novembre, avons dédié cette présente église de Saint-Laurent de Ruilly, et en
» icelle consacré le grant autel, l'autel Nostre-Dame, l'autel Saint-Vincent, l'autel
» Saint-Martin; et en faveur de ladite dédication avons donné et donnons perpé-
» tuellement à tous ceux qui visiteront ladite Église le jor de la dédicace...., pour
» ung chacun-jor, XL jor de pardon... Nobles hommes Andar, seigneur de S.
» Ligier et de Ruilly...; mestre Etienne Quarroillon, curé de céans, tesmoings à
» ce présents. »

Au temps de l'épiscopat de Jehan Germain, se passa dans la cathédrale de Saint-
Vincent un fait assez étrange pour me paraître digne de figurer dans cette notice
biographique. Il donnera une idée des mœurs de l'époque. C'était le 8 mars 1454,
pendant une messe solennelle, à laquelle assistaient l'évêque et le duc de Bourgogne,
entourés de tous leurs grands officiers. Le trésorier de l'église, Amédée Bonifidelis,
entra dans le chœur, vêtu à la façon des laïques et portant sur le poing un oiseau
de proie. Le bon chanoine tenait beaucoup à cet excentrique privilège, car il s'en
fit donner acte par un notaire. Quatorze ans auparavant, le jour de l'Assomption
de la Vierge, pareil fait s'était produit. Le trésorier de la cathédrale était allé
prendre sa place parmi les chanoines, portant un épervier, et chaussé d'éperons
d'or. Singulière coutume !

A dater de 1452 il n'est plus fait mention de Jehan Germain dans les comptes de

---

[1] La demeure de ce couvent, dit Perry, est
fort agréable durant l'été. Il a ses commoditez,
ses jardins et ses issues sur un bras de la Saône,
qu'on appelle Genise; néantmoins il est fort
incommodé des débordements de cette rivière,
qui quelquefois court par toute la maison, se
répand dans l'église, et, *sans aucun respect, se
roule jusques au pied des autels. C'est un mau-
vais voisin qu'une rivière, s'en garde qui peut.*

[2] Ce ne fut qu'en 1462, le 1er mai, que les
Cordeliers obtinrent du pape Nicolas V les lettres
pour leur établissement à Chalon. Ce qui fut le
couvent est maintenant une caserne; la chapelle
a été récemment détruite.

3

Bourgogne [1]. Il est à présumer qu'il quitta alors la vie active, et vint dans son diocèse se livrer à ses travaux de théologie. Il passait la saison rigoureuse à Chalon, et, pendant les beaux jours, il s'installait soit dans son château de Champforgeuil, soit dans sa pittoresque habitation de la Salle [2]. Champforgeuil était sa résidence préférée ; c'est là qu'il écrivit l'acte de fondation de la chapelle Notre-Dame-de-Pitié ; c'est là aussi qu'il rédigea le testament qui renfermait ses dernières volontés. Pendant les heures dérobées aux affaires, Germain composa un grand nombre d'ouvrages qui indiquent une puissante intelligence, et qui ont exigé les connaissances les plus étendues et les plus variées. Les uns ont été imprimés, les autres sont restés manuscrits. Les auteurs bourguignons mentionnent : *Deux livres de l'Immaculée Conception de la bienheureuse Vierge Marie ; des Commentaires sur les quatre livres des sentences de Pierre Lombard ; un livre écrit au concile de Bâle contre Augustin de Rome ; un livre de la purgation des âmes ; le Trésor des pauvres ; le Chemin du ciel ou du gouvernement des ecclésiastiques et des laïques de son diocèse ; deux discours prononcés au concile de Bâle ; des sermons et instructions ; cinq livres contre la secte de Mahomet*, et trois autres ouvrages dont je vais donner une analyse rapide.

« *Débat du Chrétien et du Sarrasin par Jehan Germain, évêque de Chalon-sur-*
» *Saône* [3]. Le volume commence par une épître de l'auteur « à Philippe de France,
» le second, par la grâce de Dieu duc de Bourgoigne, etc... ; considérant que vous
» avez eu à desplaisir la secte de Mahomet dont ensuivant vos prédécesseurs de la
» glorieuse maison de France, pour icelle fouler et amander, avez fait plusieurs
» grands despens et armes envoyées es parties de l'Orient contre les Turcs et Maures,
» voir pour la grande vaillance de vos chiefs de guerre ont esté naguères tenu le
» passage à Gallipoli, et puissamment levé, qu'avoit fait mectre le soudan de
» Rhodes à sa grande confusion et à vostre perpétuelle gloire, me suis travaillé
» à extraire de plusieurs docteurs et saiges ce qui m'a semblé prouffitable au
» reboutement de ladite secte... et espécialement des extraits de l'alcorant fait par
» revérends docteurs Pierre-Vénérable, jadis abbé de Cluny, Pierre Alfunse de la
» nation des Espaignes, et saint Thomas d'Aquin, en ung sien petit livre contre
» l'hérésie de Mahomet et autres. » Dans le prologue qui suit l'épître, l'auteur
expose le plan de son travail. Il lui a donné la forme d'un débat ou dialogue entre

---

[1] Cette remarque est de M. Marcel Canat, le savant compulseur des comptes de Bourgogne. C'est à lui que je dois tous les renseignements tirés des comptes que j'ai cités dans cette biographie, et qui m'ont puissamment aidé à la composer.

[2] Ces deux habitations épiscopales ont été détruites par la Révolution française.

[3] Un v. in-f°. max. XVᵉ siècle. Bib. imp. 6745 et 6745³. Voir les manuscrits français de M. Paul Pâris, t. Iᵉʳ, p. 85.

deux chevaliers dans l'hôtel de l'Empereur des Maures. Il l'a divisé en cinq livres.
Dans le premier, il traite de la folie de la secte sarrasine; dans le second, il fait
adresser par le Chrétien au Sarrasin les reproches qu'il mérite; dans le troisième,
il expose tous les témoignages qu'il a pu réunir en faveur de la divinité de Jésus-
Christ; dans le quatrième, il démontre la fausseté des motifs qui ont fait abjurer
la religion chrétienne aux disciples de Mahomet; dans le cinquième enfin, il réca-
pitule toutes les raisons alléguées en faveur du Christianisme [1].

Les deux pans de la tapisserie chrétienne par Jehan Germain [2]. Voici comment
l'auteur explique son intention dans le prologue et justifie le titre quelque peu original de son ouvrage : « Jehan Germain, par la grâce de Dieu, évesque de Chalon
» sur la Saône, maistre en théologie à Paris, à noz très chiers frères en Jésus-
» Christ et coopérateurs à la conduite de nos subjestz, les doyen, archidiacrez,
» chanoines de nostre esglise, les curés, vicaires et aultres, nos enffants espirituels
» de nostre dit évêché, salut. Pour ce que, par long temps, selon notre profession,
» nous avons employé grand partie nostre eage en l'office de prédication publique
» en tous estas, et depuis avons fait plusieurs volumes de livres au bien de notre
» foy, et singulièrement..... cognoissant que, tant pour la faiblesse de nostre corps
» et aultres occupacions, ne nous est possible d'ores en avant de en propre personne
» si continuellement que nous vouldrions exercer ledit office de predication, afin
» que pour ce ne soit retardé le bien et salut de voz âmes... Nous avons ordonné
» certain patron ou figure, où sont plusieurs personnaiges en deux pans de tapis-
» serie; chascun contenant certains chapitres esquels avons descript, pourtrait et
» figuré la conduite et manière comme les loyaulx chrétiens militaires, pelerins et
» chevalereux conquerans doivent tendre à trionpher... » Cet ouvrage avait échappé
jusqu'à présent à l'attention des nombreux écrivains qui ont cité le titre des œuvres
de Jehan Germain. Le volume que j'ai sous les yeux, dit M. J. Guillemin [3], fut
écrit en 1457, le 27 avril; il ne contient que le premier des deux livres dont
devait se composer l'ouvrage.

Mais le livre par excellence de l'évêque de Chalon est sa *Mappemonde spirituelle* :
les auteurs contemporains sont unanimes à en faire l'éloge. Lisons la dédicace, elle
nous fera connaître le plan que s'est proposé Jehan Germain, et les moyens qu'il a
employés pour le réaliser. « A très excellent prince mon très redouté seigneur
» maître Philippe de France le second, par la grace de Dieu duc de Bourgogne,

---

[1] Voir l'article de Jehan Germain dans *La
Croix du Maine.*

[2] Un v. in-4° de 175 f. XVᵉ siècle. Fonds
Lamarre 466, et fonds Colbert, 2,268.

[3] M. J. Guillemin m'a fourni les renseignements que je donne sur les deux pans de la
tapisserie chrétienne.

» de Lothier, de Brabant et de Lambourg, comte de Flandre, d'Artois, de Bour-
» gogne-Palatin, de Haynaut, de Hollande, de Zélande, de Namur, de Charolois,
» Maconnois, Auxerrois, Ponthieu, Bologne et d'Ostrenant, marquis du Saint-
» Empire, seigneur de Frise, de Salins et de Malines, Mambour gouverneur de la
» Duchié de Luxembourg et comté de Chigny, Jehan Germain, docteur en théo-
» logie à Paris, par la grâce de Dieu évesque de Chalon sur la Saône, votre très
» humble soubjet et chancelier de votre ordre de la Toyson d'Or, tout honneur et
» révérence. En considération que plusieurs se sont occupés à pourtraire diverses
» mappemondes temporelles, et en icelles ont consigné les provinces, pays, aucunes
» cités, villes, chateaux, mers, rivières, isles, lacs, gouffres, bois, forêts, déserts,
» montagnes, rochers, vallées, diverses formes d'hommes et figures de bêtes,
» serpents, oiseaux, poissons et monstres, afin de congnoistre le merveilleux du
» monde. Desirant à notre pouvoir que, sous la morson et pene du désir naturel
» qu'ont les hommes de savoir l'estat d'estranges contrées, leur puissions bailler
» aucune bonne doctrine servant au bien de nostre sainte foy chrétienne et confu-
» sion des ennemis d'icelle, avons, l'an de Nostre-Seigneur Jésus-Christ 1449,
» faict cette présente mappemonde et icelle à la différence des aultres appelée
» spirituelle. Car néanmoins qu'elle contienne en partie l'effet des autres comme
» provinces, cités, mers, fleuves, montagnes, bois, déserts et aultres, confessons
» que notre propos a esté singulièrement de noter et consigner ès-dites provinces,
» lieux et cités d'icelles, les places où Nostre-Seigneur Jésus-Christ a faict et
» accompli en sa personne le mystère de Nostre Rédemption. Et après luy où ont
» esté nés, vécu, prêché et morts la glorieuse Vierge Marie sa mère, les saints
» apôtres, les plus renommés martyrs, confesseurs, vierges et veuves. Pour donner
» entendre la parole de St. Pol estre accomplie quand il disoit que la prédication
» de l'Evangile estoit de son tems jà venue à la cognoissance de toutes les parties
» du monde, et qu'il n'est province, royaulme ou pays qui n'ait reçu la saincte foy
» chrestienne, baptisé leurs enfants au nom de la sainte Trinité, usé des sacre-
» ments et crié à haulte voix : Vive Jésus-Christ ! sachant que se n'avons tenu la
» droicte règle de élargir ou restreindre aucunes provinces ou la distance des cités
» et régions et laissé plusieurs, ce n'a esté à sinistre fin, ains à cause du plus ou
» du moins des saints trouvés ès dites provinces et cités. Et se avons obmis plu-
» sieurs saints en diverses provinces et cités, ce a esté par ignorance et deffaut de
» livres, et nous a suffi que nous ayons ouvert le chemin aux aultres de quérir par
» histoire et martyrologes de la chrétienté l'accomplissement de cette mestre œuvre,
» et ce qu'étoit couvert et ensevely en coffres et librairies soit mis à public et
» patron de mappemonde ; et car ne seroit ligier à porter pour sa largeur ladite

» mappemonde, avons faict d'icelle ce présent extrait réduit en forme de livre, et
» néantmoins avons adjoint une mappemonde contenant seulement les provinces
» et cités, pour en tous lieux plus à son aise avoir cognoissance de tout le contenu
» en notre dite grande mappemonde. Si vous prierez notre très redouté seigneur
» pour la révérence de ceux dont avons mis avant les glorieux noms en notre
» présent labeur icelny agréablement recevoir... et faire signer en vos provinces
» et cités et autres les renommés faits d'icelle, espérant que par ce moyen prendra
» bref son accomplissement notre intention ; et ensemble seront participants des
» mérites d'iceux dont selon notre diligence aurons par nouvelle manière de faire
» mis en public leurs hautes victoires et triomphes. A la gloire de Notre-Seigneur
» Jésus-Christ, le saint des saints, louange d'iceux et salut de notre âme. Amen. »
Voici quelques extraits de cet important ouvrage ; ils en donneront une idée : « Ase
» la grande, contenant environ la moitié du monde. — Arabe la moindre, dite la
» déserte. — Arabe de Moabe, dite la pierre du désert. — Arabe la grande,
» Idumée, Syrie, Judée. » Au mot : *Cité de Jérusalem*, il y a un article très-long
et très-détaillé. Viennent ensuite l'*Afrique* et l'*Europe*. A propos de cette dernière
contrée, l'auteur décrit *la Thrace, Constantinople, Gallipoli, la Grèce,* etc... La
description *de l'Angleterre, de l'Écosse et de l'Irlande,* qu'il appelle *Yberne,* termine
l'ouvrage. Ces trois provinces occupent à peine deux feuillets. J'ai pensé être
agréable à mes lecteurs en leur transcrivant ici ce qui regarde plus particulièrement
notre pays.

Ostun.

« Ly fut converty saint Symphorien, du lignage des sénateurs et baptizé par saint
» Bénigne et Tyrse, disciples de saint Pollicarpe, évesque de Smirne en Orient. Cy
» saint Andoche, Tyrse et Symphorien, soubz Aurélien empereur, M. Cy évesque
» saint Ligier, natif de Poitiers, aucuy furent ostez les yeulx a deux terières,
» depuis mort à Arras par decollation, par Ebromen, regent de France, M. »

Chalon.

« Ly fut saint Marceaul, des disciples de saint Jehan evangeliste, la teste plantée
» en terre soubz l'empereur Anthonin dit le Vray, M. Cy furent évesques saint
» Flave, Desire, Tranquille, Desidere, Jehan, Agricole, Silvestre, Loup, Verain,
» Grat et Girault, confesseurs. Cy fut nez illustre homme Aymo, renommes en escrip-
» tures. En l'eveschié de Chalon fut saint Gervais, natif du Mans, pelerin, M. Cy
» fut nez saint Césaire, évesque d'Arles, confesseur. »

Saint-Marceaul-lez-Chalon.

« Cy fonda son monastère Gontran, roy de Bourgoingne, frère des roys de France,
« qui morut.... plein de bonnes euvres, confess. »

Tornus.

« Cy fut sãint Valere, compagnon de saint Marceau, soubz Anthonin dit le Vray, M.
» Cy gist le corps de saint Phrt, abbé de Gumege en Normandie. »

Mascon.

« Ly fut évesque saint Girard, et morut conf. Cy fut prins et emporté du dyable
» un conte de Mascon, en corps et en ame, par convenance faite entre eulx, sans
» depuis estre veu. Et pour ce cas, mout esbay, se rendirent XXX chevaliers reli-
» gieux au monastère de Clugny. Cy fut évesque saint Eleusin, qui au temps de
» Théodore, roy de Bourgoingne, morut conf. »

Clugny.

« Cy l'an ML fut abbé saint Mayoul, qui morut soubz Othe, empereur, dit le pre-
» mier confesseur. Ly fut abbé saint Odile, qui morut au temps de Othe, empereur,
» dit le tiers confesseur. Cy fut abbé saint Hugues, du lignage des ducz de Bour-
» goingne, et morut conf. Cy fut abbé Pierre dit le Vénérable, du temps de
» saint Bernard [1]. »

Telle est cette mappemonde, véritable encyclopédie chrétienne, travail prodigieux,
si l'on se reporte au temps où elle fut composée. L'imprimerie n'avait pas encore

---

[1] *Mappemonde spirituelle*, par Jehan Germain, Évesque de Chalon sur la Saône. (*Manusc. du XVme siècle. Bibliot. du Palais St-Pierre de Lyon*, 2, 1, 32.) L'ouvrage renferme 71 feuillets ou 142 pages, dont 4 sont consacrées à la préface, en forme d'épître dédicatoire. Le texte est écrit sur deux colonnes. En tête du volume est peinte une charmante vignette représentant Jehan Germain, revêtu de ses insignes épiscopaux, offrant à Philippe-le-Bon une mappemonde dessinée. Le Duc est assis dans le parvis d'une cathédrale ; dans le lointain on entrevoit la campagne. Les extraits que j'ai donnés plus haut ont été copiés sur l'exemplaire de Lyon, par M. des Marches, auteur du *Parlement de Bourgogne*. L'orthographe du quinzième siècle a été intégralement conservée dans *les citations* ; dans *la dédicace*, elle n'existe que pour certains mots. En 1857, un exemplaire de la Mappemonde, petit in-folio sur parchemin, du XVme siècle, a été vendu à Paris, salle Saint-Sylvestre, 215 francs.

rendu ses services ; les documents les plus précieux étaient ensevelis *dans les coffres et dans les librairies ;* les bibliothèques ne renfermaient qu'un petit nombre de manuscrits. Il fallait à Jehan Germain une érudition considérable pour mener à bien le projet qu'il avait formé. Malgré ses nombreuses imperfections et quelques défauts ; malgré ses légendes, reflet de la crédulité naïve de l'époque, et ses erreurs historiques, ce livre est une œuvre vraiment remarquable. Je m'associe volontiers au jugement favorable que les contemporains en ont porté, et mes éloges seront d'autant plus grands, que je suis persuadé que l'auteur, en composant cet ouvrage, *a ouvert un chemin à d'autres* [1].

Le souci des affaires, de fréquents voyages, un travail opiniâtre, la prédication surtout, avaient usé les forces de Jehan Germain. Il n'avait pas encore atteint la vieillesse, qu'il sentait déjà la vie décroître, et qu'il voyait ses jours pencher vers leur déclin. Souvent, dans ses méditations solitaires, il était visité par la pensée de la mort et par le souvenir du jugement de Dieu. Ces salutaires avertissements le déterminèrent à faire son testament. Il l'écrivit dans son château de Champforgeuil. Il avait fondé dans la cathédrale de Saint-Vincent les chapelles de Notre-Dame-de-Pitié et de Saint-Michel ; il avait érigé une chapelle à Cluny, sa patrie, et une autre chez les Carmes, à Dijon ; par son testament, entre autres bienfaits, il légua *cent sols* au couvent des Cordeliers de Saint-Laurent, deux cents francs aux Carmes de Dijon pour construire leur cloître, et deux cents francs à la cathédrale de Chalon pour bâtir une bibliothèque [2] ; il donnait à son chapitre ses œuvres nombreuses et variées ; les pauvres eurent aussi une large part dans ses libéralités. Vers la fin de l'année 1460, l'évêque de Chalon se fit transporter dans sa résidence de la Salle. C'est là qu'il mourut le 2 février 1460, après avoir reçu les sacrements de la sainte Église avec une merveilleuse piété. Cette date a été remarquée par nos vieux auteurs bourguignons, ces hommes de foi ardente. Dieu, disaient-ils, a choisi pour enlever d'ici-bas Jehan Germain un jour consacré par l'Église à honorer la sainte Vierge,

---

[1] Ne pourrait-on pas, à ce propos, revendiquer pour Jehan Germain l'idée première du vaste monument historique créé plus tard sous le nom de *Gallia Christiana ?* M. Marcel Canat et l'érudit M. Millot sont d'avis qu'on pourrait en attribuer le mérite à l'Évêque de Chalon. Je laisse à des hommes plus compétents que moi en cette matière le soin de résoudre cette question. C'est par erreur qu'on a imprimé, en certains pays, la mappemonde de Jehan Germain, sous le nom de *Primus Episcopus Cabillonensis.* Voir dans PERRY l'explication de cette méprise.)

[2] Je ne serais pas éloigné de croire que le chapitre fit bâtir cette bibliothèque au-dessus de la chapelle de Notre-Dame-de-Pitié ; j'expliquerais ainsi la présence des armoiries de Jehan Germain au-dessus de la porte de l'escalier qui conduit à cette salle. Les archéologues pourraient peut-être trouver d'excellentes raisons pour appuyer ce sentiment, partagé d'ailleurs par plusieurs membres de la Société d'Histoire et d'Archéologie de Chalon-sur-Saône.

afin de le récompenser de son tendre amour pour cette Mère chérie. Le corps inanimé de l'évêque fut ramené à Chalon dans son palais épiscopal. On le revêtit de ses ornements pontificaux, et on l'exposa sur un lit de parade. La cité tout entière vint lui rendre les derniers devoirs ; les malheureux le pleuraient comme un père, et les religieux étaient dans une affliction extrême, parce qu'ils avaient perdu leur plus puissant protecteur. Le 4 février, on fit ses funérailles ; elles furent magnifiques ; on y déploya toute la pompe que réclamaient les dignités dont le prélat avait été honoré pendant sa vie. On célébra successivement trois grand'messes : la première fut dite par l'archidiacre de Bresse ; la seconde, par l'abbé de Maizière, et la troisième, par l'abbé de la Ferté ; il y eut ensuite un service solennel, après lequel on descendit Jehan Germain dans le tombeau qu'il s'était fait préparer de son vivant vis-à-vis la chapelle de Notre-Dame-de-Pitié. *Sa représentation*, dit Perry, *y est en pierre avec ses habits d'évesque ; on la voit à travers le treillis de fer qui l'entoure. Les portraits des saints évesques, ses prédécesseurs, sont relevez au-dessus de ce tombeau sur une corniche de pierre, et leurs noms sont écrits au-dessus.* Les Huguenots, ces Vandales du XVIe siècle, mutilèrent le mausolée de l'évêque. Il resta dans cet état de dégradation jusqu'en 1780, à l'époque où Mgr d'Andigné de la Chàsse répara, d'autres diraient *dévasta*, sa cathédrale, sous prétexte de réparations. Le 29 avril de cette année, à quatre heures de l'après-midi, on ouvrit le mausolée de Jehan Germain en présence de trois chanoines, MM. Thierriat de Cruzille, Fillon, Gillot ; de MM. Niepce, curé de Perrey, commissaire nommé par l'évêque ; Clarin, architecte, et Grassot, greffier. On y trouva des ossements qu'on recueillit avec décence et que l'on renferma dans une boite. On déposa ces restes dans la chapelle de Notre-Dame-des-Neiges, en attendant que la place qu'ils occupaient primitivement pût leur être rendue. On se mit de suite à l'œuvre ; on fit pratiquer dans l'emplacement même du mausolée *une fosse entre quatre murs, de deux pieds de profondeur, de deux pieds dix poulces de longueur, sur quinze poulces de largeur.* Le 21 mai suivant, on y plaça les cendres et les ossements *dudit feu seigneur Jehan Germain, pour y rester à perpétuelle demeure et y attendre le jour de l'Eternel.* En même temps on fit couvrir cette fosse d'une pierre, *longue de cinq pieds dix poulces et large de trois pieds ;* sur cette dalle sont gravées une crosse et une mitre[1]. Au-dessus de cette tombe est fixée, dans la muraille, une plaque de marbre blanc,

---

[1] J'ai extrait moi-même ces détails authentiques de l'original du procès-verbal de démolition et de restauration du mausolée de l'Évêque de Chalon. (*Archives du Chapitre de Saint-Vincent.*)

divisée en deux compartiments : dans l'un on voit les armoiries de Jehan Germain [1],
avec ces paroles gravées en lettres d'or : « La Dieu grâce [2] ; dans l'autre, on
» lit l'inscription suivante : Cy gist jady bone mémoire Jeha Germai, evesque de
» Chalon, docteur en théologie et maistre es arts à Paris, chancelier de l'ordre de
» la Toyson de tres puissant prince Monsr le duc de Bourgonne, fondateur de la
» chapelle nostre Dame cy devat située, en la quelle se doit celebrer chascungs jours
» perpetuellemet messe a note de nostre Dame et de trois anniversaires solennes
» avec la feste annuelle des sains evesques dont les remembrances sont cy dessus,
» et semblablement a fode pour XX poures tat homes que femmes XX robes, XX
» paires de chausses, XX paires de souliers qui se doyvent doner tous les ans perpé-
» tuellement le jour de la sáint Andrieu par les chapellains de la dite chapelle, après
» le trespas de son nepveur l'archidiacre de Chalon, lequel dit feu evesque trespassa
» le jour de la purificatio nostre Dame, second jour de février mil quatre cent LX [3]. »
Pendant plusieurs siècles on célébra à la cathédrale de Chalon le solennel anniver-
saire de la mort de Jehan Germain ; pendant longues années, le 28 mai, il y eut
à Dijon, dans la chapelle ducale, un service pour le repos de l'âme de l'ancien
doyen. Maintenant tous ces chants funèbres ont cessé, toutes ces prières ne se
récitent plus, tout souvenir est presque effacé. La tablette de marbre, avec son
inscription gothique et la pierre tombale avec sa mitre et sa crosse ciselées, ont
seules survécu. De celui que le P. Jacob appelait *l'éternel honneur de la poésie,
le vaillant athlète contre les hérétiques et les infidèles, le prélat couronné des plus
belles et des plus rares qualités;* du chancelier de la Toison-d'Or, du conseiller intime
du duc de Bourgogne, de l'ami de Philippe-le-Bon, du très-savant, très-riche et
très-puissant évêque, il ne reste ici-bas que quelques ossements et un peu de
poussière que foule insoucieusement le visiteur qui passe ou le fidèle qui vient prier.
Sic transit gloria mundi !

---

[1] Germain portait d'azur à la fasce d'or, accompagnée de trois étoiles de même, 2 en chef et
1 en pointe. Le célèbre *Stop* a lithographié cet
écusson : il est reproduit sur la même pierre que
le tombeau de Jacques Germain.

[2] Ces trois mots signifiaient *la grâce de Dieu ;*
c'était sans doute la devise de l'Évêque. Les
auteurs contemporains parlent souvent de la
grâce de Dieu. Je lis, par exemple, dans les
Mémoires d'Olivier de la Marche, le récit suivant : « En la ville de Lille, 1453, 17 février,
» parut au banquet une dame vestue d'une robe
» de satin blanc, moult simplement faiste, à
» guise de religieuse ; et sur son épaule senestre
» portoit un rollet, où estoit écrit en lettres
» d'or : *Grâce Dieu,* signifiant et montrant le
» nom d'elle. »

[3] Je lis dans le procès-verbal des réparations
du tombeau de Jehan Germain : « Nous avons
» reconnu que l'épitaphe et les armes du dit
» feu seigneur Jehan Germain sont plaquées
» contre le mur, au même endroit et dans leur
» premier état. » (*Archives du Chapitre de
Saint-Vincent.*)

NOTRE-DAME-DE-PITIÉ

DE L'ÉGLISE CATHÉDRALE

DE St-VINCENT DE CHALON-SUR-SAONE,

Par M. l'abbé **BUGNIOT**, Membre résidant de la Société d'Histoire et d'Archéologie
de Chalon-sur-Saône.

Un jour, vers le milieu du XVe siècle, les chanoines de l'église cathédrale
de Saint-Vincent étaient réunis en assemblée capitulaire, lorsque messire Jehan
Germain, évêque de Chalon, accompagné de Quentin de Flavigny, archevêque de
Besançon, de Guillaume Fillastre, évêque de Verdun, et du confesseur de Monseigneur le duc de Bourgogne, vint exposer au vénérable chapitre son intention de
fonder dans sa cathédrale, en l'honneur de Dieu et de la Vierge Marie, pour le
salut des âmes qui lui étaient chères, une chapelle, sous le vocable de Notre-Dame-
de-Pitié. Cette proposition fut favorablement accueillie; et l'an 1450, le mardi
après la Saint-Martin d'hiver, l'évêque de Chalon signait, dans son château de
Champforgeuil, les lettres de fondation de cette chapelle [1].

Jehan Germain choisit, pour l'érection de la chapelle de Notre-Dame-de-Pitié,
la partie méridionale de sa cathédrale, à l'endroit par où on se rendait au chapitre
et de l'église au cloître. Il voulut que le vaisseau de la chapelle fût de pierre, à
double voûte, avec deux fenêtres ornées de vitraux, sur lesquels, au dire de Perry,
on voyait ce prélat peint à genoux et habillé en évêque, et les portraits de Jacques
Germain, son père, et d'Odette, sa mère. L'autel, adossé au mur du côté de

---

[1] Les auteurs bourguignons se trompent lorsqu'ils placent en 1442 la fondation de cette
chapelle; les nombreuses pièces que j'ai con-
sultées, et qui se trouvent aux archives du
département de Saône-et-Loire, à Mâcon, sont
unanimes à lui assigner la date de 1450. Je lis
dans un Mémoire relatif à la chapelle de Notre-
Dame-de-Pitié : « Jehan Germain dota cette
chapelle d'une somme de trois mille livres,
» qui fut remise aux deux chapelains pour en
» acheter des fonds pour lesquels il avait obtenu
» des lettres d'amortissement de Philippe, duc
» de Bourgogne, dès l'an 1442. » Telle est peut-
être la cause de l'erreur dans laquelle sont
tombés Perry, Saint-Julien de Balleure, etc., etc.

l'orient, entre les deux fenêtres, était de simple pierre; le fondateur l'avait lui-même consacré, et y avait déposé des reliques de saint André, martyr, de saint Martin et de saint Maur, confesseurs. Deux statues, également de pierre, ornaient la chapelle : l'une représentait la Vierge tenant entre ses bras le divin Enfant ; l'autre reposait sur l'autel : c'était l'image de Notre-Dame-de-Pitié. « Elle tient, » dit Perry, son Fils étendu de son long sur ses genoux, avec une posture et un » maintien qui témoignent la tendre compassion qu'elle avait pour lui, lorsqu'il » lui fut rendu après la descente de la croix. »

Tous les objets requis pour la célébration des saints mystères étaient des dons du fondateur. C'étaient des chasubles de soie cramoisie ou de velours noir broché d'or; c'était un calice en vermeil pesant deux marcs; c'était un riche missel, portant sur plusieurs feuillets les armoiries de Jehan Germain : il avait coûté soixante francs, somme prodigieuse pour l'époque. Il avait ordonné qu'on donnât, pour les jours de grande solennité, un parement d'autel de velours broché d'or avec franges de soie rouge. Devant l'autel on devait étendre une riche tapisserie d'Arras, sur laquelle étaient représentés les glorieux mystères de la Conception, de la Nativité, de l'Annonciation, de la Purification et de l'Assomption de la bienheureuse Vierge Marie. La partie méridionale de la chapelle, réservée aux prêtres assistants, devait être aussi recouverte d'une somptueuse tapisserie d'Arras [1].

Au nord, devant la porte du cloître, Jehan Germain fit creuser un caveau aux parois revêtues de briques; c'était-là qu'il voulut être déposé après sa mort. Il prescrivit de faire contre la muraille, près de son sépulcre, une image le représentant en habits pontificaux : ses volontés furent rigoureusement exécutées.

Chaque jour, et à perpétuité, une messe de Notre-Dame devait être chantée dans cette chapelle. Le saint Sacrifice terminé, le célébrant et les chantres se rendaient au tombeau du fondateur, pour réciter à haute voix le psaume *De Profundis*. Chaque mercredi des Quatre-Temps, les chapelains étaient tenus de célébrer une messe de *Requiem*, suivie de la prière *Libera ;* la veille, ils récitaient les psaumes et les neuf leçons de l'office des vigiles des morts. Pendant ces deux jours, le tombeau de l'évêque était tendu de noir.

[1] Dans le procès-verbal de la visite de la chapelle, qui eut lieu en 1463, le jeudi après le IVᵉ dimanche de carême, selon les prescriptions de Jehan Germain, je remarque que plusieurs clauses de la fondation n'avaient pas encore été remplies, notamment celles qui concernaient *le riche parement de l'autel, les somptueuses tapisseries d'Arras et la distribution qui devait se faire le jour de la fête de Saint-André, apôtre, de vingt vêtements, vingt paires de souliers, vingt paires de chausses, la moitié pour hommes et l'autre moitié pour femmes.* Les visiteurs protestent contre la négligence des héritiers de l'évêque à acquitter ces différents legs. J'ignore à quelle époque commença l'exécution intégrale de la donation et du testament de Jehan Germain.

Pour la desserte de la chapelle de Notre-Dame-de-Pitié, Jehan Germain établit deux chapelains, qui étaient obligés de célébrer chaque jour, alternativement, chacun sa semaine, ou de faire célébrer la messe qu'il avait fondée. Il ordonna qu'on les choisit parmi les prêtres de sa cathédrale, assistant aux offices du chœur : il exigea qu'ils fussent moraux, suffisamment lettrés et habiles dans l'art de chanter. Il les astreignit à la résidence personnelle dans la cité de Chalon : une absence de six mois, faute d'être motivée par les besoins de la chapelle ou autorisée par les ayants-droit, emportait, *ipso facto*, la privation de la chapellenie. Ces nominations étaient à vie. Réservée d'abord au fondateur, la présentation des chapelains devait être faite, après sa mort, par son neveu maître Girard Regnault, son vicaire général, et maître Jehan Breton, tous deux chanoines et archidiacres. Après le trépas de ceux-ci, elle était confiée au doyen et au chapitre de la cathédrale. L'institution canonique appartenait toujours à l'évêque.

Quatre prêtres, appelés assistants, étaient chargés de chanter la messe. Ils étaient présentés par les personnes désignées précédemment, et recevaient l'institution de l'Ordinaire. Leurs fonctions pouvaient n'être que temporaires ; ils étaient révocables au gré de ceux qui les avaient nommés.

La rétribution annuelle des deux chapelains était pour chacun de trente livres tournois, payables de six mois en six mois, et celle de chaque assistant était de neuf livres tournois, qui devaient être payées aux mêmes termes.

Craignant d'être privé du fruit infiniment précieux d'une messe, le fondateur frappa d'une amende de trois gros de Tours celui des chapelains qui serait cause par sa négligence que le saint Sacrifice serait un seul jour omis. Les assistants devaient également donner deux blancs, s'ils n'assistaient pas à l'office depuis l'*introït* jusqu'à l'aspersion de l'eau bénite sur la tombe de l'évêque.

Pour subvenir à tous les frais d'entretien de la chapelle et acquitter les rétributions promises aux chapelains et aux assistants, Jehan Germain donna la somme de deux mille trente livres tournois, monnaie courante, somme qui devait être placée à intérêts.

Quatre prêtres, attachés à la personne et à la maison de l'évêque, Jehan Breton, Pierre Morizot, Étienne Quarroillon et Jehan Lamoureux, désirant participer aux prières qui se disaient dans cette chapelle, et voulant y être inhumés, firent des dons importants. Le premier donna deux cent cinquante livres tournois, à la charge pour les chapelains de faire dire, chaque lundi, une messe basse de *Requiem*, et chaque samedi une messe de Notre-Dame. Les trois autres offrirent cent quatre-vingts livres, que l'on employa à acheter des rentes.

Jehan Germain prescrivit que la chapelle de Notre-Dame-de-Pitié serait visitée, chaque année, le lundi après *Lœtare*, par deux chanoines élus par le doyen et le chapitre. C'était afin d'assurer le bon entretien de sa fondation et l'exécution entière de ses volontés. Les visiteurs recevaient chacun vingt sous tournois[1].

En ce temps-là, on avait la louable coutume de se souvenir des pauvres du Seigneur, chaque fois que l'on faisait une pieuse fondation. En y manquant, on aurait craint de se priver de bénédictions abondantes. L'évêque de Chalon ordonna qu'a-près le trépas de son neveu, Girard Regnault, on distribuerait tous les ans, le jour de la fête de saint André, vingt robes, vingt paires de chausses et vingt paires de souliers à soixante pauvres, tant hommes que femmes. Il avait choisi, pour la distribution de ses aumônes, cette fête, parce que saint André était le patron de l'ordre de la Toison-d'Or, ordre éminent dont Jehan Germain avait l'insigne honneur d'être le chancelier.

Girard Regnault ajouta à la donation de son oncle. Par lettres datées du 9 mai 1471, il prescrivit que, tous les ans, le jour de saint André, quatre-vingt-dix pauvres, tant hommes que femmes, recevraient trente robes, trente paires de chausses, trente paires de souliers, et que, chaque année, trois jeunes filles pau-vres, d'une pureté parfaite, d'une conduite irréprochable, partageraient entre elles la somme de trente livres tournois, comme dot de mariage.

Pour fournir à ces dépenses, il donna huit cent vingt livres, la rente de la somme de soixante francs, plus une autre rente de cinq écus d'or de roi.

Après le décès de l'archidiacre, aux chapelains incombait le devoir de distribuer les aumônes que je viens d'énumérer. Ils en choisissaient les destinataires parmi cent quatre-vingts pauvres, présentés, la veille de la Toussaint, par deux chanoines résidants, les plus anciens en réception, par le plus ancien chorial et par le plus ancien échevin de la cité. Les trois jeunes filles à doter étaient aussi élues entre neuf, dont les mêmes personnages donnaient les noms, la veille de Pâques. Ces mêmes mandataires avaient charge d'acheter l'étoffe des robes et des chausses. Le prix du drap devait s'élever à quatre gros la grande aune; les souliers d'hommes se payaient trois gros, et ceux de femmes deux gros. Enfin, aux droits et aux devoirs de ces délégués était joint celui de visiter, chaque année, le mardi après Pâques, la chapelle de Notre-Dame-de-Pitié, pour vérifier l'état des lieux, des ornements, l'emploi des rentes et la répartition des aumônes[2]. Ce contrôle n'était

---

[1] Ces détails historiques, d'une parfaite au-thenticité, sont empruntés à la charte de fonda-tion de la chapelle de Notre-Dame-de-Pitié. Je la donne *in extenso* dans les pièces relatives à cette chapelle. Les archives de la ville de Chalon en possèdent deux copies. L'acte de fondation publié par le P. Berthaut est incomplet et sou-vent inexact.

[2] On trouvera plus loin, parmi les pièces relatives à la chapelle de Notre-Dame-de-Pitié, le texte de la donation de Girard Regnault, héritier et exécuteur testamentaire de Jehan Germain. Cette pièce est complètement inédite. L'original appartient aux archives de la ville de Chalon.

point inutile : j'en ai pour preuve plusieurs procès-verbaux, attestant la négligence avec laquelle les intentions des fondateurs étaient parfois remplies. C'est ainsi qu'en 1527, messire Claude Poussard et Jehan de la Grange, tous deux chapelains de la chapelle de Notre-Dame-de-Pitié, refusèrent d'acquitter certains legs et certaines aumônes attachés à la desserte de leur bénéfice. Une requête fut présentée à M. le lieutenant au bailliage de Chalon par le maire de la cité et les échevins. On condamna les chapelains à payer les aumônes prescrites par les fondateurs [1].

Pendant la seconde moitié du XVIe siècle, trois procès semblables eurent lieu; d'autres suivirent dans les temps postérieurs : plusieurs se terminèrent par la condamnation des chapelains. Pour se dispenser d'exécuter les volontés des bienfaiteurs, ceux-ci alléguaient différents motifs : tantôt, c'était un déficit notable dans les recettes ordinaires; tantôt, c'étaient des réparations à faire dans les immeubles [2]; d'autres fois ils prétextaient des dépenses imprévues et obligatoires et de nouvelles charges qui leur incombaient [3]. Les magistrats répondaient à ces arguments en disant que les fonds destinés à la desserte étaient tout-à-fait différents de ceux qui devaient servir aux aumônes; ils ajoutaient que les revenus de la chapellenie étaient considérables, et ils se chargeaient de démontrer qu'ils étaient plus que suffisants pour accomplir les pieuses et charitables intentions des fondateurs [4].

De quel côté étaient le droit et la justice? je ne saurais le dire. Aussi bien je

---

[1] « Le procureur du roi audit bailliage et les » maires, eschevins et procureur syndic de la » ville dudit Chalon, remonstrent que feurent » de bonne mémoire messire Jehan Germain, » luy vivant evesque dudit Chalon, et messire » Girard Regnault, chanoine et archidiacre en » l'église cathédrale Saint-Vincent dudit Chalon, » par fondations authentiques de l'an mil quatre » cent soixante et douze, entre aultres choses, » voulurent et ordonnèrent que chascung an, la » veille de Pasques, neuf pauvres filles pucelles » seroient présentées aux vénérables chapplains » de la chapelle N^tre-Dame-de-Pitié, pour à » trois d'icelles telles qu'elles seroient choisies, » à chacune d'icelles seroit donnée la somme » de dix livres par an, pour dot et mariaige, » qui seroient pour lesdites trois filles trente » livres; l'intention desdits feu sieurs fonda- » teurs n'a esté en ce chef satisfaite tant par » les précédents chappelains que par MM. Claude » Poussard et Jehan de la Grange, à présent » chappelains, encore que de ce faire ils soient » esté plusieurs fois interpellés et repris.... » Suit le jugement qui oblige les chapelains à payer.   (*Archives de la ville de Chalon.*)

[2] En 1613, les chapelains ne donnèrent pour la fête de saint André que douze livres au lieu de trente, à cause des frais faits par eux à la réparation *du treuil* de Saint-Jean-des-Vignes.

[3] Procès-verbaux de 1551, 1577, 1579, 1613, 1619....   (*Archives de la ville de Chalon.*)

[4] Ils en donnent pour preuve le revenu « du » meix de Roussily, où sont environ six vingt » ouvrées de vignes, terres laborables, prés, » meix, maison et treuil; et à Saint-Jean-des- » Vignes, où sont tels et semblables héritaiges, » avec rantes; maisons en la ville de Chalon; » au lieu de Poncey, autant d'héritaiges que au » susdit lieu et ailleurs, qui peuvent rapporter » beaucoup; l'amodiation de la seigneurie et » prevosté de la Loubière, moyennant vingt-six » francs t., mon. cour., avec réserve des bois » et tondue d'iceulx pour les chapplains, et » égale réserve pour iceulx des emandes qui » excéderont soixante-cinq solz t... » Le bail, auquel j'emprunte ces détails sur La Loyère, est de l'année 1526; la seigneurie et la prévôté appartenaient alors à la chapelle de Notre Dame-de-Pitié.

n'ai pas la prétention de prononcer une sentence dans ce débat ; je suis narrateur et non juge.

Chaque année, avait lieu la visite de la chapelle de Notre-Dame-de-Pitié. Les visiteurs se faisaient remettre les lettres de fondation, les actes de donation récente, les manuels de rentes ; ils lisaient avec soin tous les titres et papiers qui s'y rapportaient. Chaque article était l'objet d'un sérieux examen. On leur présentait ensuite les vases sacrés, les livres, les ornements et autres objets servant à la desserte de la chapelle. Ils apportaient une grande attention à vérifier l'état dans lequel ils les trouvaient ; ils donnaient des éloges aux chapelains soigneux et vigilants, comme ils blâmaient ceux qui se laissaient aller à l'incurie et à la négligence. La visite se terminait par l'exposé des dépenses de l'année entière. On faisait alors la balance des recettes et des dépenses, et l'on augmentait ou l'on diminuait les aumônes, selon que les revenus étaient plus ou moins considérables. J'ai eu entre les mains les procès-verbaux de quelques visites de cette chapelle ; ce sont des pièces vraiment curieuses et intéressantes. Elles montrent avec quelle sollicitude on veillait alors à l'exécution des legs et des donations, et quelle vigilance on déployait lorsqu'il s'agissait de la gloire de Dieu et du soulagement des pauvres [1].

Il a plu à Notre-Seigneur Jésus-Christ de faire briller en cette chapelle la puissance de sa divine Mère. Les registres du chapitre de Saint-Vincent contenaient le récit d'un grand nombre de miracles opérés par son intercession. Ces relations étaient rendues authentiques par le sceau et les attestations de Jacques de Nuchèzes, évêque de Chalon, du doyen de Saint-Vincent Burgat, de l'official Gon, et des médecins qui avaient été témoins de ces prodiges. On citait des paralytiques entièrement guéris : c'étaient entre autres *Benoîte Richard*, native de Virey, *Claude Chaponneau*, né à Allerey, résidant à Beignant ; *Claudine Larbin*, du village de Lux, et *Guillaume du Mont*, de Chalon. Celui-ci, en témoignage de sa reconnaissance, voulut consacrer au Seigneur une santé qui lui avait été miraculeusement rendue : il entra dans l'ordre austère des Minimes, qu'il édifia par sa régularité et sa piété. Des aveugles eurent le bonheur d'y recouvrer la vue : parmi eux on nommait *Claudine Girardot*, de Saint-Étienne-en-Bresse ; *Blaise Boisson*, de Chagny, et *Claude Mory*, de Saint-Julien-en-Barrois. Un sourd-muet de naissance, du village de Longecourt, *Pierre Patrouillot*, vint s'agenouiller aux pieds de Notre-Dame et lui demanda sa guérison. Instantanément l'ouïe et la parole lui furent rendues, à la grande stupéfaction de tous les assistants. Le fils d'un bourgeois de Louhans,

---

Pierre Vite, était en proie à une fièvre continue ; les médecins l'avaient abandonné.
Ses parents le vouent à Notre-Dame-de-Pitié ; aussitôt commence pour lui la
convalescence, signe infaillible d'un prompt rétablissement. A Labergement de
Cuisery vivait une femme du nom de *Louise Bernardot*, qu'une chute avait rendue
impotente depuis tantôt cinq ans. On l'amena auprès de la miraculeuse image de
Marie. Dès qu'elle eut achevé sa prière, elle se leva, déposa ses béquilles et s'en
retourna de pied au lieu de sa naissance. *Claudine Camiot*, femme de *Jacques
Caille*, manœuvre, demeurant à Chalon, toute mangée et rongée d'écrouelles, a
recours à l'intercession de Notre-Dame ; elle fait une neuvaine en son honneur. Les
neuf jours n'étaient pas encore écoulés que ses horribles ulcères se dessèchent et
se cicatrisent, au grand étonnement du chirurgien qui l'avait traitée en vain pendant
plusieurs mois. Le 22 mars de l'année 1646, le R. P. Nicolas Thomasset, né à
Poligny, religieux de l'ordre de Saint-Dominique, résidant au couvent des RR. PP.
Jacobins de Besançon, se rendit à Chalon. A son arrivée il alla trouver le doyen
et l'official du chapitre de Saint-Vincent, les sieurs Burgat et Gon, et leur déclara
qu'il venait, au nom du seigneur de *Bauffremont*, de sa femme et de sa belle-fille,
la marquise *de Meximieu*, accomplir un vœu qu'ils avaient fait et rendre grâces à
Dieu et à Notre-Dame de la guérison miraculeuse du petit-fils du seigneur de
Bauffremont. Cet enfant, âgé de cinq ans, avait été attaqué d'une fièvre dont la
violence et les graves caractères avaient alarmé tellement les médecins mêmes
qu'ils avaient été forcés de dire que, sans la faveur d'un miracle, sa mort était certaine.
Dans ces tristes conjonctures, la famille désolée s'était souvenue de la puissance
que la bonne Vierge aimait à manifester dans son sanctuaire de Saint-Vincent, et
elle s'était adressée à elle avec confiance. Ses prières avaient été exaucées, et, pour
témoigner sa gratitude, elle fit don à la chapelle d'un très-beau et très-riche voile
de calice. Il y avait quatorze mois que *Jean Serrier*, natif d'Aigue-Perse, en
Beaujolais, avait été blessé d'un coup de fusil à la cuisse gauche. Deux chirurgiens,
nommés l'un *Paschal*, et l'autre *Menüc*, lui avaient prodigué leurs soins les plus
assidus. Après avoir essayé de plusieurs remèdes restés inefficaces, ils lui dirent
qu'il devait se résoudre à rester estropié toute sa vie. Dans cette désespérante pers-
pective, Jean Serrier se fit conduire à Chalon, et commença une neuvaine à Notre-
Dame-de-Pitié. Dès qu'elle fut achevée, il sentit un grand allégement à sa plaie, et
tant de force que, s'étant dressé sur ses pieds, il marcha sans avoir besoin de ses
béquilles [1]. « Mais pourquoy se tant peiner », dirai-je avec le P. Berthaut, à qui
j'ai emprunté ces faits, « pourquoi se tant peiner pour donner le détail de tant de

____

[1] *Archives du chapitre de Saint-Vincent.*

» miracles? Il ne faut qu'entrer dans cette saincte chappelle, et l'on connoistra
» qu'elle n'a point de plus superbes tapisseries pour luy servir d'ornement que
» les anilles, les crosses et les tableaux que tant de miraculeuses guérisons ont
» attachés à ses voûtes, comme autant d'illustres trophées de sa gloire. La mira-
» culeuse image, qui s'y voit chargée de riches présents, qui ne sont que la
» reconnaissance de ceux qui ont recouvert leur santé par l'intercession de cette
» auguste princesse, sera aussi ce que l'on peut rapporter de plus pressant pour
» la conviction de toutes ces merveilles [1]. Et pour moy j'estime qu'il faut laisser
» parler ces langues muettes, qui, plus éloquentes que ma plume, feront passer
» avec facilité tous ces miracles dans les siècles futurs. »

C'était aussi le sentiment d'un illustre Chalonnais, Pierre d'Hoges, dont la muse
chrétienne s'écriait un jour avec un enthousiasme dont le motif fait pardonner
l'expression :

> Audite, ô cœli! naturaque tota stupescat
> Tam sibi munificas Virginis esse preces :
> Ecce audire dedit surdo, cæcisque videre
> At claudis stabiles figere posse gradus.

« Cieux, écoutez, et que la nature entière s'étonne des bienfaits que lui valent
» les prières de la Vierge; elle a rendu soudain l'ouïe aux sourds, la vue aux
» aveugles, et aux boiteux le pouvoir de marcher d'un pas ferme. »

« C'est un grand sujet de joie et de consolation, écrit Perry, de voir les honneurs
» qui sont rendus à cette incomparable Mère de Dieu. Elle est si obligeante que,
» ne se laissant pas vaincre par de si justes devoirs, elle ne cesse de secourir ceux
» qui recourent à elle tant pour leurs besoins spirituels que pour leurs nécessitez
» corporelles. Et tous les jours on voit des effets signalez de ses nonpareilles bontez. »

Grande était la vénération des fidèles pour Notre-Dame-de-Pitié! Les peuples
du diocèse de Chalon s'empressaient de déposer à ses pieds le tribut de leurs ardentes
prières. Des villages entiers, rangés en procession, entreprenaient une longue
route, à travers des chemins difficiles, pour lui présenter leurs hommages. On y
accourait de tous les points de la Bourgogne; on y vit même plusieurs fois des
pèlerins venus de lointaines provinces [2]. Depuis six heures du matin jusqu'à midi,
on célébrait la sainte Messe dans cette miraculeuse chapelle. Les prêtres apportaient

---

[1] Je dois au crayon de M. Morel-Retz la belle lithographie de la Vierge-de-Pitié placée en tête de cette notice. Cet artiste distingué a trouvé remarquable l'expression de douleur peinte sur le visage de la Mère du Christ; il a également admiré les draperies de cette statue qui est fort ancienne.

[2] Saint Julien-de-Balleure. — Perry. — Berthaut.

sans cesse aux pieds de cette charitable Mère les vœux des populations confiées à leur sollicitude. De nombreux cierges, symbole de la foi des pèlerins, brûlaient incessamment devant son image, et continuaient en quelque sorte les prières commencées. Chaque vendredi de l'année, à l'issue de Vêpres, les chanoines se rendaient à la chapelle de Notre-Dame-de-Pitié, et chantaient, au milieu d'un immense concours de peuple, les litanies de la bonne Vierge, pour lui exprimer leur profonde vénération [1].

Ces hommages rendus à Notre-Dame se prolongèrent pendant quatre siècles. Il ne fallut rien moins que la révolution pour les interrompre [2]. Aussitôt que Dieu, un instant banni, eut repris possession de ses autels, on replaça dans son antique sanctuaire la statue de Notre-Dame-de-Pitié. Les vieillards racontèrent à leurs fils les merveilles dont ils avaient été témoins ; et ceux-ci se présentèrent de nouveau pour solliciter les faveurs de celle que le Seigneur a nommée la dispensatrice de toutes ses grâces. Depuis lors, malgré le triste abandon dans lequel fut laissée la Notre-Dame de Fourvières bourguignonne, les âmes pieuses n'ont point cessé de la visiter dans sa solitude. L'image de Marie n'est plus chargée, comme autrefois, de colliers d'or, de pierres précieuses, de riches draperies. Mais, chaque jour, on voit encore les fidèles, nombreux et confiants, apporter dans cette chapelle vénérée l'offrande de leur foi et de leur amour. Ils attendent de la Vierge bénie une récompense qu'elle accorda souvent à la faveur naïve de nos aïeux. C'est-là le rendez-vous de tous ceux qui prient, qui souffrent, qui espèrent. Les larmes des yeux et celles du cœur, les soupirs du regret et quelquefois ceux du remords, les anxiétés de la crainte et les ardeurs du désir viennent se mêler et se confondre devant cette statue séculaire.

Les dévotions populaires, si aimées des petits et des pauvres, ont été flétries par le souffle glacé du rationalisme et de l'indifférence ; la plupart même ont disparu. Pourquoi le culte de Notre-Dame-de-Pitié a-t-il survécu [3] ? Pourquoi le culte

---

[1] Le 1er avril 1645, l'évêque de Chalon autorisa les directeurs de cette chapelle à y établir une confrérie en l'honneur de Notre-Dame-de-Pitié ; il exigea seulement qu'on pourvût au bon entretien de la chapelle et de l'autel. Il accorda à chaque confrère 40 jours d'indulgence. (Inventaire de l'Évêché. — Cotte C. 58.)

[2] Je lis dans les registres du chapitre de Saint-Vincent, année 1789 : « 398 l. 12 sous 6 deniers « payés à M. de Vilette, directeur de la chapelle » de Notre-Dame-de-Pitié. »

[3] La Vierge-de-Pitié de l'hospice Saint-Louis est maintenant encore en grande vénération. Des cierges brûlent constamment devant cette image. Placée autrefois dans la chapelle de Notre-Dame-de-Pitié, érigée sur le pont de Saint-Laurent, cette statue fut apportée dans cet hospice le 15 août 1778, époque à laquelle on abandonna la chapelle du pont à cause de son état de délabrement. On y transféra également une croix à la Maintenon et six tableaux représentant saint Louis, saint Claude, saint Nicolas, les vœux de M. Villot et de M. Chiquet, enfin sainte Apolline, sainte Claire et sainte Agathe, réunies toutes trois sur une seule toile. (*Archives de l'hospice Saint-Louis*, liasse 43ᵐᵉ.)

du Dieu-de-Pitié, qui n'est, ce me semble, qu'une réminiscence du culte de Notre-Dame-de-Pitié, est-il resté si répandu dans nos campagnes et si fortement implanté dans nos populations[1]? Ah! c'est qu'il est en harmonie parfaite avec le cœur de l'homme; c'est que la vie de l'homme ici-bas est désolée; c'est que ses jours sont remplis d'amertume! « La vie, dit un célèbre auteur de ce siècle, c'est » comme une nuit d'hiver triste et longue; la philosophie la fait haïr et la religion » chrétienne la fait supporter, et ce n'est pas là un de ses moindres triomphes. » — « Regardez, ajoute-t-il ailleurs, regardez sur un cercueil ce long drap noir semé » de larmes, c'est l'emblème de la vie. » — « La vie, s'écriait une fois le prince » des prédicateurs contemporains, la vie, c'est une goutte de miel dans un calice » d'absinthe. »

La loi la plus universelle de la nature humaine est, sans contredit, la loi des souffrances. Le rang, l'âge, la naissance, la force, la beauté, la jeunesse, le courage, le vice, la vertu, rien ne saurait en préserver l'homme né de la femme. Elle le prend tout entier, son corps, son esprit, son cœur; elle vient s'asseoir auprès de lui au foyer domestique, elle l'accompagne au milieu des assemblées et des réunions du monde. Écoutez! n'entendez-vous pas comme une voix plaintive qui redit sans cesse : « Oh! que la vie m'est pesante! qu'il m'ennuie de vivre! » O mon Dieu! pourquoi m'avez-vous retiré du sein de ma mère? Est-ce que ce » petit nombre de mes jours ne finira pas bientôt? Ah! laissez-moi donc un ins- » tant; laissez-moi pleurer mes douleurs!... » Et cette voix si pleine de larmes et de sanglots, c'est la voix de l'humanité qui gémit et se lamente au milieu de son infortune.

Le paganisme entendit ces lamentations, mais il n'y trouva aucun remède. C'est à peine si quelques âmes généreuses purent arriver jusqu'à la résignation, et ce fut là le plus grand effort du monde païen. Un jour, Dieu se fit homme, et, dans son humanité, il prit et porta toutes les souffrances; mais, en les prenant et les portant, il les a changées de nature, il les a divinisées, en sorte que ce sera désormais un honneur de souffrir; désormais les souffrances s'appelleront des croix, et la croix sera un sceptre, et la croix deviendra un trône. Aussi, nul de ceux qu'il aime n'en

---

[1] La chapelle du Dieu-de-Pitié de la cathédrale de Saint-Vincent a été restaurée au commencement de ce siècle. La statue, qui représente le Christ souffrant, à Gethsémani, a été placée là il y a un peu plus de trente ans. Les fidèles viennent de loin prier devant cette image; les habitants des campagnes voisines ont grande confiance en cette dévotion; ils font de fréquentes neuvaines en l'honneur du Dieu-de-Pitié. Je suis intimement convaincu que ce culte n'est que le souvenir traditionnel des merveilles opérées par l'entremise de la Vierge-de-Pitié dans son sanctuaire de Saint-Vincent.

sera exempt. La créature qu'il chérit le plus, sa bonne et tendre Mère, sentira son cœur se briser sous une immense douleur. Elle verra son Fils bien-aimé couvert de plaies, meurtri, ensanglanté ; elle le contemplera appendu à un horrible instrument de supplice ; puis elle recevra entre ses bras une masse flasque et livide, ce je ne sais quoi qu'on nomme un cadavre. O vous qui passez par le chemin, arrêtez-vous, et voyez s'il est une souffrance aussi grande que cette souffrance ! Regardez cette femme, elle se nomme la Mère de douleur, c'est Notre-Dame-de-Pitié [1] !

Il me semble déjà voir la statue de Notre-Dame-de-Pitié replacée sur son autel, entourée de vénération et de gloire. Il me semble déjà voir la multitude des souffrants se rendre dans cette antique chapelle pour y répandre leurs larmes et leurs prières, espérant recevoir en échange la guérison des souffrances du corps ou de celles de l'âme, les plus poignantes de toutes. Oh ! je bénirai le jour où le culte de Notre-Dame-de-Pitié aura repris toute sa splendeur. Ce jour n'est pas loin, je le sais [2] ; je l'appelle de tous mes vœux.

---

[1] Le culte de Notre-Dame de-Pitié est très-répandu dans l'ancien diocèse de Chalon ; c'est une dévotion qui lui est particulière. Il n'est presque pas de paroisse qui n'ait une chapelle ou du moins un autel érigé en l'honneur de la Vierge-de-Pitié. Il y a même des sanctuaires visités par de nombreux pèlerins, notamment celui de Charette Je suis persuadé que si, dans chaque localité, on recherchait les origines de cette dévotion, on découvrirait qu'elle s'est propagée surtout après la fondation de Jehan Germain, car les miracles opérés dans la chapelle de la cathédrale de St-Vincent durent avoir un grand retentissement. Il est vraiment regrettable que les églises dans lesquelles les peuples venaient vénérer Notre-Dame-de-Pitié aient abandonné ce culte, qui est en si parfaite harmonie avec le cœur de l'homme. La statue de la Vierge Immaculée a remplacé l'image de Notre-Dame-de-Pitié. Pourquoi ne pas les laisser subsister toutes deux ?

[2] M. le curé de Saint-Vincent a le plus vif désir de restaurer la chapelle de Notre-Dame-de-Pitié ; sa première pensée a été de rendre à ce sanctuaire tout son éclat. Afin d'accroître encore la piété des fidèles envers la Vierge-de-Pitié, il a l'intention d'y établir une confrérie semblable à celle qui est fondée à Rome, dans la basilique de Saint-Pierre, où l'on admire l'inimitable *Pietà*, due au ciseau de Michel-Ange.

PIÈCES

DE NOTRE-DAME-DE-PITIÉ.

COPIE de l'acte authentique de la fondation de la chapelle de Notre-Dame-de-Pitié, en l'église cathédrale de Saint-Vincent de Chalon-sur-Saône, par messire Jehan Germain, évêque de ladite ville [1].

Nos, Johannes Germani, de Clugniaco. Matisconensis diœcesis, in artibus magister et sacræ theologiæ professor, Dei et apostolicæ Sedis gratiâ Cabillonensis Episcopus, consiliarius illustrissimi principis Philippi secundi, Burgundiæ, Brabantiæ, etc., ducis, ac sui ordinis Velleris aurei cancellarius; animo tenaci considerantes quanta ab ineunte ætate bona temporalia, spiritualia per divinam misericordiam fuerimus assecuti, ut præ multis cœtaneis nostris, nostro tempore, dies placidos, prosperos successus et operas felices amplectentes, Dei clementiam, peculiari quodam tramite, nobis affectam probavimus: a quantisque rerum personæ periculis per opportunos exitus fuerimus à laqueis venantium expediti, firmo tenentes, atque in spem largiorem pro futuro commoniti, quod qui tanta per continuam impetrationem beatæ et gloriosissimæ Virginis Mariæ, Genitricis Dei, beati Joannis Baptistæ et martyris Vincentii, patroni nostri, et sanctorum fuimus assecuti, dum venerit hora extrema, in qua nostram vitam actionesque fine postremo claudi continget, præsentabimurque ante tribunal æterni judicis, ad de vita nostra veniam votivam rationem reddituri, eorum piis adjumentis, ad quos, dum vitam agemus in humanis devoto affectu recurrere soliti sumus, in tantæ necessi-

tatis pressura minime fraudabimur, ne participatio inæstimabilis meriti Passionis Domini nostri Jesu-Christi, quæ non pro uno homine sufficiens et efficax est, sed pro centum mille mundis, si creandi forent, existentibus nobis indigno peccatori denegari contingat, eosque pios et propitios interventores invenire sperantes, ac per eos de faucibus Inferni eruti, gloriæ eorum et consortes civium fieri optima mente expectamus; non postponentes quod nihil in creatis deterius, quia de bonis susceptis per ingratitudinem se reddere immemorem, cum propheta regio, elaboratis singultibus, profundis suspiriis ac defluxis lacrymis, inquientes: quid retribuam Domino pro omnibus quæ retribuit mihi, qui me ad tuam imaginem per memoriam, intellectum et voluntatem creans, limum in cinerem resolvendum, angelicæ naturæ consortem procreâsti; et peccato originali dæmoniorum consoclum futurum per regenerationem aquæ baptismatis recreâsti, atque in spem futuræ tuæ consequendæ gloriæ per tuæ fidei professionem misericorditer advocâsti? Quid tibi, ô bone Jesu, pro his talibus receptis beneficiis cum psalmista contribuere valebo? si cœlestia offeram, cœlum cœli Domino, si terrestria, non accipies de domo meâ vitulos, neque de gregibus meis hircos, qui carnes tau-

[1] Le texte original se trouve aux archives de la ville de Chalon.

rorum non manducas et sanguinem hircorum non ebibis. Quid igitur retribuam Domino ? Numquid calicem Domini accipiam et nomen Domini invocabo ? Calicem scilicet Passionis martyrii, de quo de te ipso apud Patrem interpellans : transeat à me calix iste, et alibi filiis Zebedæi , in personam piæ Matris : calicem quidem meum bibetis ; revera , non calicem strictæ pœnitentiæ seu mundi contemptûs de quo psalmista : calix meus inebrians quam præclarus est , per vitæ puritatem et morum sanctimoniam ; non calicem tui pretiosi sanguinis in altaris sacramento quem quia me ipsum non probo , judicium reproborum accipio si fortè passim accipio, forsitan calicem indigne accipiens, et me ipsis annoto, calicem tamen cordis contriti, et spiritus contribulati quem tu non despicies , accipiam et nomen Domini Jesu scilicet invocabo , id est salvatorem , obtestans teipsum per teipsum , si tu es Jesus, ut sis meus Jesus, si salvator es, habes animam meam peccatorem , quæ salvatione indiget et supplex te implorat. Ergo Jesu et salvator sis mihi, Jesus et salvator : non pro rerum summâ quam mihi concedere dignatus es, hoc solum retribuo calicem aquæ frigidæ cordis compuncti et nomen tuum gloriosum Jesum , in quo nos omnes salvos fieri confidimus , cum devotione et fiduciâ invocabo.

Et ne coram te Domino meo compaream vacuus , et quod peccatorum meorum gravissima moles præpedire sollicitans indulgentia tuæ infinitæ bonitatis acceleret, atque ut ille divinissimus panis vitæ et calix sanguinis tui in memoriam tuæ sanctissimæ Passionis institutus et ab Ecclesia jugiter invocatus, tibi per tuos ministros immolatus, quod virtutem non ex bonitate nostra sed tui infinitam delendi peccata gravique copiosam condonandi habet tibi per alios a parvitate mea hostia placens in conspectu tuo diganter offerri valeat, de his pauculis rerum transitoriarum stipendiis, quæ cum labore manuum nostrarum congessimus ; ad tuæ sempiternæ deitatis gloriam, tuæ salutiferæ Passionis memoriam, Genitricis tuæ, beatissimorum sanctorum Joannis Baptistæ , patriciique nostri invictissimi martyris Vincentii et aliorum sanctorum laudem , et etiam pro patre et optimo successu sanctæ Sedis apostolicæ et Ecclesiæ Romanæ et conductu prospero nostræ Ecclesiæ

Cabillonensis ac civium et habitantium in eâ, pro saluteque animæ nostræ, animarum illustrissimorum principum Philippi secundi, Burgundionum ducis ; Elizabet, filiæ Regis Portugalliæ, suæ dilectissimæ consortis ; Caroli, comitis Kadrelesii , a quibus statum et conductum accepimus ; potentis militis Nicolaï domini de Authuma , cancellarii præfati domini Ducis , benefactorum nostrorum ; Jacobi Germani, Odettæ suæ uxoris , genitorum nostrorum charissimorum ; magistri Joannis Britonis , vicarii generalis nostri, magistri Cadumei, muneril eleemosynarii præfatæ illustrissimæ dominæ ducissæ Burgundiæ, dudum familiarium nostrorum ; Odettæ de Mally, Ludovici Saichet, domini de Champigy, Jeannettæ suæ uxoris , magistrorum Girardi Regnaudi , Nicolaï Galli et Huguetæ uxoris ejus, consanguineorum nostrorum ; magistri Petri Morizoti , consanguinei et officialis nostri ; Stephani Quarroillon, sigilliferi, Johannis Amorosi, celerarii nostrorum ; universis et singulis præsentem paginam seu præsens publicum instrumentum hujusmodi fundationem capellæ nostræ et alia infra scripta in se continentem sive continens inspecturis, lecturis et audituris, salutem et sinceram in Domino charitatem ; ad eorum notitiam deducimus et præsentium tenore deduci volumus, quod nos Johannes, Episcopus ante dictus, fundavimus et per præsentes fundamus in nostra cathedrali Ecclesiâ Beati Vincentii unam capellam modo et forma sequentibus :

Primo ad Dei et gloriosæ Virginis Mariæ ejus genitricis honorem et laudem, animarumque salutem, in eadem Ecclesia nostra Cabillonensi , ad partem meridionalem, in plateâ et loco per quem iri solebat ad capitulum ejusdem Ecclesiæ nostræ et per quem vulgari itinere itur ab Ecclesia ad Claustrum , ante quamdam magnam nostram vitianam erigi fecimus unam capellam lapideam cum duabus testitudinibus ac duabus fenestris lapideis et vitrariis necessariis adornatam. Item in eadem capella ereximus unum altare lapideum ad partem orientalem quod propriis manibus consecravimus, sacras reliquias Beatorum Adriani martyris, Martini et Mauri confessorum, eodem in altari recondendas. Item in ea ad partem aquilonarem fieri fecimus unam caveam lateritiam pro sepultura nostra. Item in eadem fecimus fieri scamna seu sedes ligneas ad partem meridionalem cum pulpito ligneo, caffro et aliis necessariis. Item in eadem contulimus duas albas lineas cum amictibus et duplices mappas quæ fecimus sex. Item tres casulas muricas, duas de panno serico et tertiam de panno veluti aurei nigro; cum pertinentiis. Item in eadem capella dedimus unum calicem argenteum deauratum, ponderantem duos marchas argenti. Item eidem capellæ contulimus graduale et missale parvum necessaria pro missa nostra celebranda. Item contulimus eidem capellæ nostræ ultra missale ordinarium prædictum, pro missa Nostræ-Dominæ dicenda unum aliud missale novum et integrum secundum Cabillonensem usum, insignitum in pluribus follis armis nostris, quod fieri fecimus pretio sexaginta francorum. Item unum copertorium de corio ad tegendum altare. Item duo candelabra de cupro, cum uno aquario aquæ benedictæ, aquariis vini et aquæ de statino, et plato in modum pelvis in stanno pro lavando manus sacerdotis, cum uno tympano pro pulsando tempore levationis, corporis Christi posito ante eamdem capellam nostram. Item duas imagines lapideas, unam sub figura Nostræ-Dominæ-Pietatis, et aliam sub figura Beatæ Mariæ tenentis puerum inter brachia sua. Item dedimus unum pannum paramenti de veluto sparso auri cum fimbriis de serico rubro ponendum super altare in diebus solemnibus. Item volumus fieri in dicta capella nostra duas pecias tapeticenæ de opere Atrebati, ubi ponentur mysteria festorum gloriosissimæ Virginis Mariæ, scilicet suæ benedictæ Conceptionis, Nativitatis, Annunciationis, Purificationis et suæ Assumptionis, et quorum unus ponetur ante altare in diebus solemnibus, et alius magnus conteget totam partem meridionalem in qua sedent sacerdotes. Item volumus ad partem aquilonarem fieri contra parietem Ecclesiæ unam levem repræsentationem nostram juxta tumulum nostrum secundum formam alias per nos advisam. Item ordinamus quod in eadem capella nostra omni die et perpetuis temporibus, absque mutatione quacumque, etiam quibuscumque aliis solemnitatibus advenientibus non obstantibus, dicatur alta voce et intelligibili et cum cantu una missa de Nostra-Domina secundum usum prædictæ Ecclesiæ nostræ, quem servare solet per annum in celebratione Nostræ-Dominæ. Item ordinavimus quod dicta missa

nostra singulis diebus pulsetur per marticularium dictæ nostræ Ecclesiæ per unum de majoribus tympanis ejusdem Ecclesiæ nostræ ad branlum et in fine syncopizando festinanter statim post offertorium missæ prædecessoris nostri domini Nicolai de Veris; qua finita, statim incipiatur nostra. Item volumus quod in dicta missa nostra quotidie dicantur tres collectæ: prima, de Nostra-Domina ad usum prædictum; secunda, quamdiu vixerimus, *Prætende*, et post decessum nostrum, *Deus qui inter apostolicos sacerdotes*; et tertia, ad voluntatem celebrantis. Item volumus quod, in dicta missa, antequam tollat celebrans albam, vadant omnes tam celebrans quam cantantes missam ad tumulum nostrum, omni die, dicendo de *Profundis* altâ voce, cum oratione *Fidelium*, quoad vixerimus, et, post decessum nostrum, *Deus qui inter apostolicos* et *Fidelium*. Item ordinamus quod quatuor vicibus in anno, scilicet quolibet Martis ante diem Mercurii quatuor temporum, cujuslibet anni, in dicta capella nostra, per capellanos et assistentes ejusdem dicantur vigiliæ mortuorum cum novem lectionibus, et Mercurii sequenti dicatur missa de *Requiem* cum collectis *Deus qui inter apostolicos*, *Deus veniæ largitor* et *Fidelium*, et post Missam dicatur *Libera me* tam in vigiliis quam in Missa cum collectis prædictis alta voce, et tum expandetur unus pannus ante tombam nostram, et pro illo die non tenebuntur dicti capellani et assistentes capellæ nostræ ad missam quotidianam de Nostra-Domina, et hoc sub pœna pro quolibet deficiente duorum alborum. Item ordinamus pro dicto servitio complendo in eadem capella nostra duos capellanos qui sint bonæ vitæ et honestæ conversationis, sufficientis litteraturæ et in cantu docti, choriales ipsius nostræ Ecclesiæ, qui alternatim, scilicet per septimanas unus post alium, per se vel per alium teneantur celebrare dictam missam nostram secundum conditiones supra dictas. Item volumus quod dicti duo capellani faciant residentiam personalem in civitate nostra Cabillonensi; et quod si prædicti capellani fuerint per sex menses extra prædictam civitatem nostram, nisi de licentia præsentantium aut pro rebus dictæ capellæ, etiamsi occasione servitii aut studii quæ omnino excludere volumus etiam nonobstante quocumque privilegio, tales absentes decernimus ipso facto fore privatos dicta capellania et de aliis capellanis in tali casu volumus provideri ; et illi ad quos pertinebit præsentatio possint alium præsentare. Non volumus tamen per hoc quod in suis beneficiis curatis obtentis aut obtinendis occasione dictæ residentiæ, ratione dictæ capellæ nostræ, possit prædictis capellanis aliquod præjudicium generari pro quibus etiam ex nunc pro se et successoribus auctoritate ordinaria dispensamus, et si expedierit a sancta Sede apostolica bullas apostolicas pro hac re impetrari facimus. Item ex nunc decernimus dictas duas capellanias esse capellas perpetuas nulloque modo cadere sub gratiis expectativis cujuscumque, quinimo quoad vixerimus collationem et omnimodam provisionem ad nos pertinere volumus ; post decessum vero nostrum præsentationem nepoti nostro magistro Girardo Regnaudi ac magistro Joanni Britonis pro nunc vicario nostro ejusdem Ecclesiæ nostræ canonicis et archidiaconis, quoad vixerint conjunctim aut superviventi ipsorum volumus pertinere ; institutione semper remanente successoribus nostris Cabillonensibus Episcopis. Item volumus quod post decessum nostrum ac prædictorum magistri Joannis Britonis, archidiaconi ut supra præsentatio dictarum duarum capellaniarum simpliciter ac absolute pertineat decano et capitulo dictæ Ecclesiæ nostræ, institutione tamen, ut prius, successoribus nostris, Cabillonensibus Episcopis reservata. Insuper ordinamus in eadem capella nostra quatuor choriales capellanos nostros qui, singulis diebus et hora superius adnotata, cantabunt alta voce in pulpito, quorum ordinatio et institutio quoad vixerimus nobis pertinebit ; post decessum autem nostrum, eorum positio et depositio ac omnimoda alia dispositio ad præfatos præsentatores qui erunt pro tempore et per illos poterunt poni et deponi secundùm merita aut demerita ipsorum. Volumus tamen nostros dictos assistentes benemeritos, quando dictas capellanias aut alteram ipsarum vacare contigerit, aliis quibuscumque debere præferri de quibus conscientiam præsentantium ante oculos illius cui nulla secreta latent oneramus. Item volumus quod si aliter majorum capellanorum celebrans defecerit neque pro se alium posuerit, ita quod pro ea die missa vacaverit aut scandalum passa fuerit, solvat pro illo die tres grossos Turonenses, qui convertantur ad

voluntatem in communionem aliorum capellanorum minorum assistentium et punctuatoris, infra scripti, qui eo casu tenebuntur providere de missa ne intentio nostra fraudetur et nostra anima fructu unius missæ privetur ; teneaturque alter capellanus major dictæ capellæ nostræ qui non defecerit ex nunc sub pœna peccati mortalis ac puniri privatione dictæ nostræ capellæ omnium favore postposito illos tres grossos infra octo dies a die talis defectus dictis nostris aliis capellanis minoribus et punctuatori dare et solvere. Item volumus quod assistentes sive minores capellani, qui nominabuntur per punctuatorem, compareant omni die introïtui missæ parati ad cantandum dictum introïtum et perseveratum usque post aspersionem aquæ benedictæ supra tumulum nostrum ; quod si aliquis dictorum defecerit, neque pro eo alius comparuerit in cantando dictam missam ab introïtu usque ad terminum supra expressum, continuo pro qualibet vice qua defecerit, solvat duos albos, quos volumus cedere et evenire ad utilitatem dictorum nostrorum duorum capellanorum Majorum et punctuatoris inferius nominati ; quod si fuerint assidui defectuosi post monitionem competentem, si se corrigere noluerint, possint per dictos præsentatores privari, et de alio aut aliis per dictos præsentatores provideatur, et punctuator capituli punctuabit deficientes in dicta capella, et habebit pro suo labore quartam partem defectuum qui in dicta capella obvenerint. Item ut prædicti nostri capellani tam majores quam minores supradictum divinum servitium attentius peragere possint oneraque spiritualia ex temporibus favorabilius valeant supportare, damus et concedimus cuilibet nostrorum majorum capellanorum qui missam prædictam celebraverint ad duos terminos in anno, scilicet a sex mensibus ad sex menses pro quolibet, triginta libras Turonenses, et sic sexaginta pro duobus capellanis majoribus et quindecim pro quolibet termino. Item damus cuilibet de quatuor assistentibus deservientibus et cantantibus dictam missam nostram novem libras Turonenses solvendas ut prius. Item, ordinamus pro pulsatione dictæ nostræ missæ singulis annis pro marticulario seu pulsatore triginta solidos Turonenses. Item ordinamus pro continendis luminario, scilicet pro duobus cereis hora dictæ missæ, una tæda pro elevatione corporis Christi sexaginta solidorum Turonensium annuatim ; et pro iis rebus per divinam gratiam opportune exsequendis omnibusque prædictis sublevandis, confidentes de probitate, conscientia ac de moribus et scientia eorum ad plenum informati, per præsentes nominavimus et instituimus capellanos nostros majores, deservituros in eadem capella nostra, discretos viros dominum Stephanum Quarroillon, sigilliferum nostrum, curatum de Ruilleyo et dominum Johannem Amorosi, celerarium nostrum cabillonensem, curatum de Gigneyo, presbyteros, ad jura et honores ac onera qui et quæ pertinent et pertinere possunt, et poterunt in futurum ad dictas nostras capellanias ; in manibus quorum et vice dictæ capellæ nostræ et in ea deservientium pro nunc et in futurum in ; ecuniâ numerata realiter et de facto dedimus et expedivimus duo mille et triginta libras Turonenses monetæ currentis, cujus quaterviginti et quindecim libræ faciunt marcham auri fini et optimi, pro redditibus emendis, de quo, quantum districte possumus, eorum conscientias et animas ut ita faciant ad utilitatem capellæ nostræ oneramus obtestamurque Deum contra eas in districto Dei judicio tam nos facturum si ad alium usum prædictas duo mille et triginta libras aut per malitiam aut per negligentiam commutaverint aut commutari passi fuerint, quia ad redditus continuos procurandos et emendos, et consentimus et approbamus quamdam emptionem quam jam fecerunt prædicti capellani nostri de quadam domo sita in vico majori dictæ nostræ civitatis pro quingentis libris ; acceptis de prædictis duo mille quingentis quam domum perpetuis temporibus ad dictam capellam nostram volumus pertinere pro redditibus exinde levandis ad eorum utilitatem. Et insuper prænominati Johannes Britonis, Petrus Morisoti, Stephanus Quarroillon, Johannes Amorosi prœmiseorum et infra dicendorum intuitu et contemplatione ac his mediantibus quod nos Episcopus antedictus volumus et consentimus ipsos in dicta capella nostra incorporari et incorporamus ac in eadem inhumari fierique ex tunc et in posterum participes missarum, orationum et omnium aliorum suffragiorum in dicta nostra capella faciendorum et dicendorum fecerunt et faciunt donationes sequentes, dederuntque et concesserunt ac

tenore præsentium dant, donant, cedunt et concedunt donatione mera puraque irrevocabiliter facta inter vivos, suis propriis et privatis nominibus, præfatis capellanis nostris et suis sucessoribus dictæ capellaniæ capellanis, ad opus tamen et utilitatem ipsius capellæ. Nobis præsentibus et una cum notario subscripto pro et nomine dictæ nostræ capellæ et capellanorum ejusdem stipulantium et acceptantium sub modis et conditionibus supra et infra scriptis. primo videlicet præfatus magister Johannes Britonis quamdam domum per ipsum acquisitam ab Ysabella relicta defuncti Georgii Nicolaï et Guillelmo, eorum filio, pretio et summa ducentarum et quinquaginta librarum Turonensium monetæ currentis, sitam Cabilone in vico nuncupato *Chassechiens* juxta domum capellanorum præfati domini Nicolaï de Veris hinc et juxta domum canonialem Ecclesiæ Cabillonensis. quam pro nunc inhabitant dominus Johannes Chabley, succentor dictæ Ecclesiæ, et pro usu et habitatione prædictorum duorum nostrorum ipsius capellæ capellanorum ; ita tamen quod dicti duo capellani majores moderni et sui successores dictæ capellæ capellani majores ex nunc tenebuntur celebrare aut celebrari facere singulis septimanis duas missas submissa voce immediate finita missa nostræ Dominæ ante dicta ad altare ipsius capellæ cum ornamentis, luminari et aliis pro dicta missa necessariis ipsius capellæ, scilicet singulis diebus lunæ unam missam pro defunctis, et singulis diebus sabbati unam aliam missam de Nostra-Domina. Quam siquidem domum ipse donator eisdem donatoriis tradidit, deliberavit et expedivit, illamque dicti donatarii confessi sunt coram nobis testibus et notario subscriptis habuisse, habereque, tenere et possidere ; et prænominati magister Petrus Morisoti, dominus Stephanus Quarroillon et Johannes Amorosi pro emendis redditibus in augmentationem et ad opus et utilitatem ipsius capellæ novies viginti libras Turonenses monetæ antedictæ, videlicet quilibet ipsorum donatorum sexaginta libras Turonenses monetæ prædictæ pro uno semel, quas sexaginta libras Turonenses quilibet ipsorum donatorum convenit et promisit dare et solvere eorum vita comite prædictis capellanis majoribus nostris aut eorum successoribus dictæ capellæ capellanis ; quibus quidem novies viginti libris Turonensibus in totum vel in parte simul vel successive, per dictos capellanos habitis et receptis ipsi capellani tenebuntur, convenerunt que, promiserunt et promittunt præfati moderni majores capellani pro se et suis successoribus dictæ capellaniæ capellanis majoribus emere et acquirere annuos census vel redditus quotquot haberi et emi poterunt pro dicta summa totali vel particulari per ipsos recepta ad opus et utilitatem dictæ capellæ nostræ et capellanorum ejusdem. Ad conservationem vero et observationem rerum et bonorum omnium et singulorum mobilium et immobilium, præsentium et futurorum pretiosorum et aliorum quorumcumque dictæ capellæ nostræ spectantium et pertinentium, volumus et ordinamus quod prædicta capella nostra visitetur annis singulis die lunæ in crastino Dominicæ qua in sancta Dei Ecclesia cantatur *Lœtare, Jerusalem!* per duos ex fratribus nostris canonicis dictæ Ecclesiæ, per dictos decanum et capitulum eligendos et pro hoc committendos, coram quibus ipsamet die lunæ, dicti duo majores capellani exhibere tenebuntur statum ipsius capellæ et computum reddere de ornamentis, redditibus et emolumentis dictæ capellæ quibuscumque et undecumque obventis, datis et concessis, nec non obveniendis, dandis et concedendis tam nostram fundationem prælibatam, quam duarum missarum per ipsum magistrum Johannem Britonis ad dictum altare fundatarum et donationum prædictarum ac aliarum quomodolibet ipsi capellæ in posterum faciendarum, sub pœna quadraginta solidorum Turonensium monetæ prædictæ fabricæ nostræ Ecclesiæ antedictæ applicandorum; quam pœnam dictos capellanos in defectu promissionis et cujuslibet eorumdem incurrere volumus ipso facto irrevocabiliter et sine remissione quacumque; qui quidem decanus et capitulum ad relationem dictorum duorum canonicorum visitatorum et auditorum per ipsos deputatorum, competent nihilominus prædictos capellanos facere exhibitionem, reddere computum ante dictum altare die immediate sequenti conveniente et opportuno modo et forma superius declaratis; omnesque alios et singulos defectus quos commiserint in præmissis et quolibet præmissorum corrigere, supplere et emendare judicati. Et pro pœnâ, labore et vacatione dictorum decani, capituli et deputa-

torum, damus et concedimus viginti solidos Turonenses per dictos nostros duos capellanos majores solvendos, sub pœna prædicta, anno quolibet, dicta die visitationis, scilicet decem magistro fabricæ ipsius Ecclesiæ ad opus ejusdem fabricæ et cuilibet dictorum canonicorum visitatorum quinque solidos Turonenses pro una cappa; pro quibus quidem viginti solidis Turonensibus et aliis decem solidis Turonensibus pro complemento prædictarum sexaginta librarum Turonensium annualibus per nos dictis nostris duobus capellanis majoribus concessis eisdem nostris capellanis dedimus et concessimus, tradidimusque et realiter expedivimus triginta libras Turonenses dictæ monetæ ultra summam duorum mille et triginta librarum Turonensium dictæ monetæ. Præfati domini Stephanus Quarroillon et Johannes Amorosi capellani majores nostri confessi sunt et recognoverunt coram jam dicto notario et testibus subscriptis, confitenturque et recognoscunt habuisse et realiter recepisse una cum litteris amortisationis ducentarum librarum præfati domini Ducis Burgundiæ pro capellis nostris omnibusque et singulis rebus et bonis mobilibus et immobilibus, pretiosis et aliis superius declaratis a nobis et a dicto magistro Johanne Britonis, domum superius confinatam per nos et ipsum Britonis, expediunt et delibant, de quibus summis rebus et bonis prædictis dicti capellani fuerunt et sunt contenti, nosque et dictum magistrum Johannem Britonis et nostros hæredes et successores quictaverunt et quictant pro se et suis successoribus. Dictæ capellæ nostræ capellanis per præsentes promiseruntque et convenerunt et conveniunt et promittunt per juramenta sua propter hæc more sacerdotum præstita et sub obligatione omnium et singulorum bonorum suorum et dictæ capellæ et successorum suorum prædictorum mobilium et immobilium præsentium et futurorum quorumcumque et ubicumque et existentium bene, decenter et laudabiliter in dicta nostra capella deservire in divinis juxta et secundum ordinationem et fundationem ante dictam et in articulis prælibatis declaratam, promittentes insuper nostri duo capellani pro se et suis successoribus prædictis omnes et singulos libros, ornamenta, et bona mobilia et immobilia et alia quæcumque nostræ dictæ capellæ pertinentia et spectantia et quæ in futurum spectabunt et pertinebunt et manutenere in bono et condecenti statu et ipsis deperditis vel consumptis alia bona et sufficientia loco illorum emere et ad servitium usumque divinum ipsius capellæ consignare, ponere et relinquere suis propriis sumptibus et expensis et absque quavis diminutione censuum, reddituum, aliarumque rerum et bonorum dictæ capellæ nostræ, censusque, redditus, res et bona prædicta eisdem capellanis et eorum successoribus conservare, eosque vel ea seu aliquam partem aut portionem ipsorum nullatenus alienare, sed alienata si qua fuerint pro tempore recuperare et ad jus et proprietatem capellæ revocare et revocari facere tota posse. Supponentes autem se dicti capellani majores nostri successoresque suos et omnia bona sua totaliter quoad hoc viribus, coercitionibus et compulsionibus curiarum domini nostri regis ejusque bâillivi matisconensis ac dicti domini ducis Burgundiæ nostrique officialatus cabillonensis et cujuslibet ipsorum tam conjunctim quam divisim, per quas curias et earum quamlibet simul et semel aut successive eodem tempore vel diversis temporibus voluerunt et volunt dicti duo capellani nostri cogi et compelli, quasi ex re adjudicata notoria et manifesta, videlicet per dictas curias temporales per captionem, saisinam, venditionem et explectationem omnium rerum et bonorum suorum temporalium quorumcumque et per curiam nostri officialatus ante dicti per excommunicationis, aggravationis et reaggravationis sententiam, omnique alio modo debito quo fieri poterit fortiori ad tenendum et observandum formam et tenorem omnium et singulorum præmissorum : ita tamen quod executio unius dictarum curiarum alterius executionem non impediat neque retardet, omnibus et singulis exceptionibus et deceptionibus tam juris quam facti præmissis contrariis penitus renunciando, maxime juri dicenti neminem pro uno et eodem facto seu pro una et eadem re ad diversorum judiciorum brachia trahi posse nec debere, jurique dicenti confessionem extra judicium factam generalemque renunciationem non valere nisi præcesserit specialis. In quorum omnium et singulorum robur et testimonium præmissorum sigilla dictorum dominorum nostrorum Regis Franciæ, Ducis Burgundiæ et nostri officialatus cabillonensis prædictorum una cum notarii subscripti signo manuali præsentibus apponi jussimus. Actum et datum in castro nostro Campi Ferreoli, die Martii post festum Beati Martini hiemalis, anno Domini millesimo quatercentesimo quinquagesimo, præsentibus dominis Petro Duboys, Hugone de Alliis, Guillelmo Hæredis, presbyteris, et nobili viro Jacobo Du Meix, testibus ad præmissa vocatis specialiter et rogatis.

Acta fuerunt prædicta prout superius continetur in mei notarii subscripti, dictarum curiarum jurati, testiumque prænominatorum præsentia, teste signo meo manuali sequenti.

Signé : JEHAN JULIEN.

LECTRE

Au profit de la ville et cité de Chalon, touchant la concession des robes, par feu maître Girard Regnault [1].

Nous, Jehan Jaquelin, licencié en loiz, conseiller-maistre des requestes ordinaires de l'bostel de monseigneur le Duc et gouverneur de la chancellerie de son duchié de Bourgoingne, et nous, official de Chalon, savoir faisons à tous ceulx qui ces présentes lectres verront et ourront que comme feu bonne mémoire messire Jehan Germain, jady évesque de Chalon, pour le salut de son âme ait fait et construit, fait faire et constrouyre, en l'église cathédrale de Saint-Vincent de Chalon, une chappelle en l'onneur et révérence de Nostre-Seigneur Jésus-Christ et de la glorieuse Vierge Marie sa Mère, appellée la chapelle de Notre-Dame-de-Pitié, laquelle chappelle pour l'entretenement d'icelle, icelle ait dotée et fondée de notable et grande fondation, tant en héritaiges censives que aultres déclairées en lectres de ce faictes et passées ainsin est que en la présence de honorable homme Philibert Monnot, clerc, notaire publique et coadjuteur du tabellion, fermier dudit Chalon pour le Roy nostre sire et juré de la court de nous ledit official pour ce personnellement constant audit Chalon, a dû espécialement venant vénérable et discrette personne, maistre Girard Regnault, licencié en décrets et bachelier en loix, chanoyne et archidiacre dudit Chalon, lequel de sa certaine science et bonne volonté, considérant la noble et grande fondation faicte par ledit feu messire Jehan Germain jaidiz son oncle, de ladicte chappelle et des chouses par luy ordonnées estre dictes, célébrées et faictes en icelle qu'il a désirées et désire à son pouvoir estre entretenues et maintenues pour

icelles entretenir et augmenter en accroyssance de la dicte ordonnance et affin que soit participant es dits biens faitz suffraiges et chouses par luy ordonnées faictes et qui se font journellement et des messes qui se dient et célèbrent, seront dictes et célébrées en la dicte chapelle mehu de dévotion, et car, ainsin luy plaît, a fait et fait par cestes les légauls ordonnances et chouses contenues et déclairées en deux feuilles de papier dans et desquelles la teneur de mot à mot s'ensuit et est telle. Comme soit : Ainsin que maistre Girard Regnault, chanoyne et archidiacre de Chalon ait vouloir ensuyr piteuse et bonne volonté de bonne mémoire messire Jehan Germain, jaidi évesque dudit Chalon, son oncle, touchant ce que à sa vie avait fait donner tous les ans, ès povres, robes, chosses et souliers le jour de saint André pour commencer à douher et perpétuelement fonder trente robes, trente paires de chaulses et trente paires de souliers, la moitié pour hommes et l'autre moitié pour femmes, a cédé, donné et transpourté au prouffit que dessus la somme de huit cent vingt francs, ledit archidiacre a déjà réaulment baillé et délivré à messire Euvrard de Montaigney, prestre et dite quelle somme a ledit messire Euvrard acquis rentes au nom et proffit des dits chaulses et souliers, comme a apparu par les lectres d'acquisition et desquelles ledit messire Euvrard a faict prompte foy en la présence des tesmoings cy après escripts et de moy notaire subscript, et pour mieulx asseurer la dicte fondation et pour aussi douher et fonder tous les ans perpétuelement le

---

mariaige de trois pures pouvres pucelles, et
aussi tous les ans un chanté āis célébré général
à tous voulant célébrer messes des trespassés
pour l'intention dudit archidiaicre le dernier
jour du sonne après Pasques oultre et par-
dessus la dite somme de huit cent vingt francs
par ledit archidiaicre desjà comme dessus est
escript, donnée et délivrée au profit de la dite
fondation perpétuelle des dites robbes, chosses,
souliers, dudit mariaige des dites trois pucelles
et du chanté et āis célébré général et non autrement, donne, cède, transporte et délivre,
donatione inter vivos, la rante de la somme de
soixante francs dhuz tous les ans par François
Leroux et cinq escus d'or de roy de rante dhuz
par maistre Vincent Borrelier, comme appart
par lectres reçeuez tant par Philibert Pignot
que par Philibert Monot, et veult ledit archidiaicre que tous les ans, à chacune des dites
trois pucelles, soient délivrées et reaulment
baillées, le jour de leurs nopces, dix francs
monnoye courante pour une foys, et ainsin aux
aultres qui de an en an seront esleutez par
ceulx qui de ce faire auront puissance dudit
archidiaicre ou des ad ce députez. Et a fait
les dites donacions, cessions et transports, aux
profflitz dés dessus dits, soubz modification et
condition subscripte. Premièrement que ledit
archidiaicre a retenu et retient, luy vivant, les
facultés de recepvoir les dites rantes acquises
et acquérir au nom des dits pouvres, de trois
pucelles et dudit chanté général, et n'entend
point en son nom recepvoir ains seulement au
nom et proffict des dessus dicts et non aultrement, et de acheter le drapt des dites robes et
chosses et les faire faire, de donner et distribuer
les dites robes, chaulses, souliers, de payer
ledit chanté général et délivrer tous les ans
les dits trante francs à trois pouvres pucelles à
marier, et de bailler à une chascune d'icelles
dix francs, et après le trépas dudit archidiaicre,
se aultrement par ledit archidiaicre, luy vivant,
n'est ordonné audit cas et non autrement, les
deux principaux chappellains présents et advenir de la dite chappelle fondée par ledit messire
Jehan Germain en ladite esglise de Chalon-sur-
Saône, auront puissance de recepvoir et seront
tenus de faire acheter le drapt des dites robes
et chosses, et icelles faire et distribuer les dites
robes, chosses et souliers, de marier tous les

ans trois pucelles selon le vouloir et ordonnance
de deux chanoynes résidents, plus anciens en
réception d'icelle église, du plus ancien chorial
d'icelle église et du plus ancien eschevin de
cette cité; lesquels deux chanoynes, chorial et
eschevin bailleront, la veille de Toussaint, par
rôles, neuf vingt pouvres personnes desquels
les deulx chapellains esliront quatre-vingt et
dix, esquels donneront les dites robes, chosses
et souliers, et la veille de Pasques bailleront
les dits deux chanoynes, chorial et échevin, tous
les ans, les noms de neuf pouvres jeunes bonnes
pucelles desquelles en esliront, les dits deux
chapellains, trois et à une chascune d'icelles
trois bailleront réaulment et de fait dix francs,
et se aucuns des esleuez du dit nombre se plai-
gnent qu'ils n'ayent été payés, les dits deux
chanoynes, chorial et eschevin auront puissance de contraindre les dits deux chappellains
de faire payer et contanter les complaignants,
et aussi de faire délivrer les dits trante francs
à trois pucelles comme dessus est dit. Et lesquels deux chanoynes, chorial et eschevin, je
fais conservateurs et visiteurs du drapt dessus
dit, lequel drapt sera jusques à quatre gros à
la grant aulne, et les souliers de homme jusques
à trois gros, et ceux de femme jusques à deux
gros. Et si les dits deux chapellains présents
et advenir sont défaillants de faire les chouses
dessus dites ou aucunes d'icelles, les dits deux
chanoynes, chorial et eschevin pourront avoir
l'administration des chousces dessus dictes, et
dès maintenant je en prive les dits chappellains
défaillant, se la faulte vient par leur culpe en
leur dounant puissance d'eslire aultres suffisant
pour ad ce faire. Item, les dits deux chorial
et eschevin visiteront tous les ans, le mardi
après Pasques, les rantiers, lettres et obliga-
tions des dites rantes. L'ordonnance desquelx
les dits deux chappellains et leurs successeurs
seront tenus de faire et accomplir. Item pour
la peine des dits deulx chanoynes, chorial et
eschevin, oultre ce que est associé des dits bien-
faitz et affaires, je veultz être payé par les
chapellains à un chacun d'eux deux francz, et
les dits deux chappellains auront le surplus
pour prier Dieu pour le fondateur. Fait le
neufviesme jour du mois de May l'an mil quatre
cent soixante-et-onze, présents vénérables et
discrètes personnes maître Jehan Feuriet, cha-

noyne dudit Chalon, Jehan Debougy, Vincent Garnier, messires Jehan Nicot, Jehan Borrelier, Gengoul Chanthreault, maistre Claude Pignot et maistre Girard Gouvreau, témoings promettant et submettant à la court de Monsieur le Duc de Bourgoingne et par la court de Monsieur l'official de Chalon, et de ce l'une des dites courts pour l'autre non cessant donné comme dessus à ainsin asigné Ph. Monot desquelles chouses et d'une chascune d'icelles ledit maistre Girard s'est tenu et tient pour biens comptant. Et des dites rantes et aultres choulses par lui cy-dessus léguées et données pour les charges faire et accomplir et parmi icelles s'est devestu et devest. Et les dits chapellains et autres qu'il appartiendra pour eux et leurs successeurs en a revestu et revest après son trépas, mis et met en bonne possession et saisine par l'onctroy et concession de ces présentes lettres, sans aucuns droits retenir ni réclamer en quelque manière que ce soit. Et a promis et promet ledit maistre Girard, par son serment pour ce donné aux saints Evangiles de Dieu et sous l'obligation de tous et singuliers, ses biens meubles et immeubles présents et advenir quelconques contre les chouses dessus dites ni aucunes d'icelles non jamais venir s'offrir ni consentir venir en jugement ni dehors taisiblement ni en appart en quelque manière que ce soit à l'encontre, mais toutes les chouses en présentes lettres contenues avoir et tenir perpétuellement fermes, stables et agréables soubs la restitution et satisfaction de tous courtz, fraiz, missions, intéréts et despans. Et quant à l'observance et accomplissement des chouses dessus dites et

d'une chascune d'icelles, icelle maître Girard a submis et obligé submet et oblige luy, ses biens, ses hoirs et les biens des susdits hoirs. Aulx juridictions, cohersions, compulsions et contraintes des courts de mondit seigneur le duc et de nous ledit official et par une chascune d'icelles et tient conjoinctement indivisément l'une des dites court estre contraing et compellez aussi comme de chouse adjugée et manifeste, toutes exceptions, déceptions, fraude, baratz, cauthelles, cavillations et autres chouses quelconques que l'on pourrait dire ou ovier contre la forme et teneur de ces présentes lettres, avec reçues et arrière mises aulxquelles et à chascune d'icelles a renoncé et renonce par cestes, et mesmement au droit de sans que générale renonciation vault se l'espécialle ne précède. En témoing desquelles chouses, nous, gouverneur et official des susdits, avons obtenu estre mis à ces dites présentes lettres et aux semblables faictes et refaictes de mot à mot une fois ou plusieurs au dictier la substance non muer ne changer, les scelz des dites courtz de Mgr le Duc et de nous ledit official de Chalon. Faites, données et passées audit bien par-devant ledit Philibert Monot, juré que dessus, le neufvième jour du mois de may, l'an mil quatre cents soixante-et-onze ; présent vénérable et discrètes personnes maistre Jehan Feuriet, chanoyne de Chalon, Jehan Debougy, Vincent Garnier, messire Jehan Nicot, Jehan Borrelier, Gengoul Chantreaul, maistre Claude Pignot et maistre Girard Garreau, prêtres témoings ad ce appellez et requis l'an et jour dessus dits.

VISITACION

de la

CHAPPELLE NOSTRE DAME DE PITIÉ,

Faicte en l'an mil cinq cens vingt-quatre pour les chappellains [1].

L'an mil cinq cens vingt-quatre, le lundi dix-huitiesme jour du moys de juillet, par nous, Girard de Rene, et Loys Symon, chanoynes de l'église de Chalon, comme les deux plus anciens chanoynes en reception de ladicte eglise, et à ce commis par messeigneurs les venerables doyen et chapitre de la dicte eglise, comme en appert par l'acte capitulaire sur ce expedie, contenant nostre commission, insere a la fin du present proces-verbal, congregez et assembles pour veoir et visiter la fundation de la dicte chappelle N.-Dame-de-Pitié, erigee et fundee en la dicte eglise de Chalon par feu bonne et recommandee memoyre messire Jehan Germain, a son vivant docteur en theologie, evesque dudit Chalon, ensemble les ornementz et habitz d'icelle, a requeste et poursuyte de messires Anthoine Prothelet, surchantre, et Anthoine Juillet, presbtres choriaulx de la dicte eglise, et puis nagueres et de nouvel chappellains de la dicte chappelle, querens instamment pour leur debuoir et decharge estre par nous faict veu vision lecture et visitacion des tiltres de la fundation et dotacion de la dicte chappelle et augmentacion d'icelle, constitution de rente, diminution d'icelle, des habitz joyaulx et ornementz d'icelle et du compte derrier rendu par leurs predecesseurs chappellains de la dicte eglise, pour le tout veu faire entretenir, corriger, emander, et en mieulx reformer, selon que verrions et trouuerions estre a faire, et expedier par droit et raison a ce que les dits modernes chappellains ne deussent a l'aduenir estre chargiez ou reprins de la diminution de la dicte chappelle, appelle avec nous le notaire soubzescript, secretaire de la dite eglise, pour greffier en ceste part, avons procede a la dicte visitacion, ainsi que cy-apres s'ensuyt apres qu'auons prins et receu le serrement desdits chappellains pour eulx preste de par eulx exhiber et mectre en noz mains tous tiltres, actes, instrumentz, liures et papiers servant a la dicte chappelle, et faisant au prouffist de la dicte chappelle ensemble les habitz, joyaulx et ornementz d'icelle, sans en aulcuns receler et nous respondre verite de ce que dehuement par nous seront requis touchant le faict de la dicte chappelle. Et en procedant, les dits chappellains nous ont produit et exhibé les pieces suivants.

Premierement, la lettre de la fundation de la dicte messe, ordonnee estre dicte, chascung jour, en ladicte chappelle, a aulte voix icelle receue par acte Julien, en date du mardi apres la sainct Martin d'yuer, l'an mil quatre centz cinquante, expediee en parchemyn et scellee a troys scelz pendents a double quehue, dont la lecture a este faicte par honnorable homme Philibert Lenot, clerc-notaire royal. dont la teneur sera cy-aprest insere a la fin des presentes, par laquelle entre aultres est dict que, par le dot et fundation de la dicte messe cothidienne, ledit reuerend pere bailla la somme de deux mil trante francs pour acquerir rentes et heritaiges au profist de la dicte chappelle et desdits chappellains, et que lesdits seigneurs

---

[1] Copie authentique fournie par M. Ragut, archiviste du departement de Saône-et-Loire. — Archives de Mâcon.

venerables doyen et chapitre pourroyent, chascun an, elire deux chanoynes de la dicte eglise, pour veoir et visiter, chascun an, le lundi apres le dymanche de *Letare Jerusalem*, les ornementz, rentes, reuenuz et heritaiges appartenans a la dicte chappelle, ouyr et clourre le compte desdits chappellains. . iJᴹ xxx ᴸᵗ

Item que maistre Pierre Morisot, jadys chanoyne et official dudit Chalon, et maistre Estienne Quarroillon et Jehan Lamoreux, premiers chappellains de ladicte chappelle, pour estre associez et participans esdites fundations, et aussi pour estre inhumez et ensepueliz en ladicte chappelle, ont baille et deliure pour vne foys, la somme de neufz vingtz francs pour l'augmentacion et acquerir rente au profist de ladicte chappelle et chappellains de la dicte chappelle. En appert par lettres sur ce que dessus receues et leutes. . . . CLXXX ᴸᵗ

Item que venerable personne maistre Jehan Breton, chanoyne de la dicte eglise et vicaire general dudit reuerend pere en Dieu, a donne a ladicte eglise et en icelle chappelle, sa maison en la rue aux prebtres, et par son testament donna aux chappellains de la dicte messe cinq centz liures. . . . . vᶜ li.

S'ensuyt la teneur de la commission de nous, lesdits Girard de Rene et Loys Symon, chanoynes, auons nommez.

« Domini decanus et capitulum ecclesie
» Cabilonis requirentibus dominis Anthonio
» Prothelet et Anthonio Juillet, presbiteris
» capellanis capelle Nostre-Domine Pietatis
» commiserunt et deputauerunt committuntque
» et depputant venerabiles viros dominos ac
» magistros Gerardum de Rene et Ludouicum
» Simon dicte ecclesie canonicos et antiquiores
» in receptione ad visitationem faciendam de
» titulis et bonis eiusdem capelle et ad inuentarium faciendum profuturo et pro exoneratione dictorum capellanorum.

» Ainsi signé P. du Boys. »

En apres lesdits chappellains ont produit et exhibe, par-deuant nous, la declaration des biens et ornementz de la dicte chappelle, tant pour la principalle fundation et desserte de la dicte messe que pour le faict des pouvres, ainsi que separement cy-apres sera dict par articles, en teste de chascun desqueis auons ordonne et apostille comme y est contenu et en la maniere que s'ensuyt.

Declaration des rentes viagiers procedentes des deniers principaulx pour et au proffist desdits chappellains et desserte de la dicte messe aulte.

Premierement. Declaration de l'argent courant, selon la darniere visitation faicte par les commis de mesdits seigneurs les venerables du chapitre de Sainct-Vincent, faicte par feu maistre Claude Picot, lors chappelain de la dicte chappelle.

Loys Rouze et Guillemete sa femme, de Sainct Loup de Varennes, qui doiuent, chascun an, soixante solz tournois de rente pour le pris et somme de trante frans. Pr. ou papiers des rentes, fol. douze. Neant pour ce que doit le temps d'icelle derriere visitation, la dicte rente estoit desia perdue par aultant que monseigneur de Columbier avait tout prins les assignaulx, disent qu'ilz estoient a luy, ainsi qu'il appert par la dicte visitation. Pour ce, cy.   neant.

Les hoirs de Guillaume Cheualier, qui doibuent tous les ans douze frans, toutesfoys du temps de la visitation il n'en payait que deux, lesquelx ont estez reachetez et iceulx payez vingtz frans pour principal. Pr. ou dit papier, fol. XXI. Et maistre Jehan Baraud de Saint-Ysidore tenet lesdits deux frans vt constat fol. cxxv. . . . . ij fr

Jehan de Losne de Sainct-Marcel tenet deux soictures de prey pour vng franc de rente, vt constat fol. xxiij. L'aultre franc a este reachete et paye dix frans pour le principal. Ou dit papier fol. xxiij, Girard Garnier de Saint-Helene a heu lesdits dix frans auec d'aultre argent. Pr. ou papier des rentes fol. cxvij. Pour ce, cy quant au dit Jehan de Losne. . . . I fr.

Des hoirs feu Guillaume Le Roux dix frans de rente pour le pris de cent frans. Pr. ou dit papier fol. xxiiij. Tenet Hugues Bernardon de Sainct Gengoul vt constat fol. cv. Pour ce. x fr.

Des heritiers feu noble homme Philibert Daicles de Sainct Loup de Mesieres, huit frans de rente pour le pris de cent frans. Pr. ou dit papier fol. xxxi. Tenet Estienne Calandre vt constat, fol. cxxi. Pour ce. . . . viij fr.

Jehan Tixerand de Lux a faict cession de biens, lequel debuoit deux frans et demy, et du

L'on ordonne auxdi[ts] chappellains de fai[re] dehue diligence p' recouvrement de ces[te] partie pour en ta[nt] apparoir en comp[te] singulier.

Bene capit. Veu compte précédent [et] il est dict par le reç[eu] y escript de long tem[ps] soit sceu qui a rec[eu] les c fr. pour le re[a]chat des x frans.

Ils rendent bien leur rapport

Ils rendent bien

Bene capiunt ve[u] le compte précéde[nt] rendu en l'an mil [...] LXXXVIII cy-veu.

rapport des chap-/ins bene capiunt.

temps de la visitation M⁰ Claude Picot en fust quicte. Pour ce. . . . . neant.

Jaques Des Pins, de Sencey, doibt, chascun an, deux frans, dont a este recouure le principal de l'ung des frans des heritiers de Lamoureux, et l'autre il a reachete. Pr. ou dit papier fol. xvij. Tenet Preaud Jordam vng franc, vt constat fol. cxx, et Claude Berthet tenet vng franc, vt constat fol. xcix. Pour ce. . . . . . ij fr.

Idem.

Anthoine Gautheron de Sencei debvoit, chascun an, vng franc, lequel il a reachete. Pr. ou papier, fol. xvij. Tenet Paule Prester de Charne, vt constat fol. cij. Pour ce. . . . . i fr.

Idem.

Jehan Sarrazin de Lux debuoit deux frans, lesquelx il a reachete. Pr. ou dit papier, fol. xliiij. Tenet Jehan Bontemps de Montbogre. Constat fol. xcviii. Pour ce. . . . . . ij fr.

a le compte pre-/t doceant que/igneurs tiennent/s assignaulx.

Les heritiers de feu Pierre Pouge que doibvent chascun an huit frans. Fol. xlix et l. Neant pour ce que messeigneurs du chapitre tiennent les heritaiges. Pour ce. . . . . . neant.

rapport desdits/happellains.

Nicolas de Branges de Givry qui debuoit tous les ans quatre frans de rente, fol. lv, qui ont estez reachetez. Tenet Guillemin Potet. Pour ce. . . . . . . iiij fr.

Idem/recognoissent.

Thomas et Jehan Durand freres de Reusilly, qu'ilz doibuent tous les ans troys frans. Adhuc tenet vt constat fol. lviij. . . . . . iij fr.

n au rapport des/happellains

Jehan Chaulderon trante-deux frans de rente pour le prix et somme de quatre centz liures. Fol. lix et lx. Tenent Jaques Chainier et Euurard Rammoret. . . . . . xxxij fr.

Idem/au rapport.

Perrenet Grisset, bouchier, demeurant à Saincte-Croix, doit tous les ans deux frans. Fol. lxiiij. Tenet Phillibert Belley dict Thierlirien, tonnelier de Chalon, tenet a cause de sa femme. Fol. lxiij. Pour ce. . . . . ij fr.

Idem/dit rapport.

Phillibert Regnard et Pierre Gremard qui souloient debuoir quatre frans, ilz en ont reachetez troys, lesquelx Girard, Garnier tient, et l'autre ils le doibuent par ensemble, vt constat fol. lxiij. Girard Garnier de Sainct-Helene tenet troys frans auec d'aultre argent pour faire la somme de dix frans de rente, lesquelx il doit pour le pris de c fr., constat fol. cxvij. iij fr.

et au rapport/essus et recog-/t les héritiers/Guyot de Buxe-

Pierre Bouchet de Lampagny qu'il debuoit quatre frans de rente. Fol. lxviij. Anthoine Reffin qu'il debuait quatre frans de rente, lesquelx tient Guyot de Buxerolles. Fol. lxxviij et xix. Tenet ces deux articles Guyot de Buxe-

---

rolles sur sa maison a luy vendue par Jehan Garnier, lequel Garnier auoit prins cent frans pour huit frans de rente et assigne sur la dicte maison, vt constat fol. lxxxiiij. Pour ce. viij fr.

Bene capiunt veu le compte precedent et reprinse du fol xxvij. Et duquel treul ensemble de certaines vignes à Saint-Jehan-des-Vignes et Saint-Martin-des-Champs, les dits chappellains font recepte cy-apres.

De Pierre Pichotte, lequel debuoit dix frans de rente pour le pris de cent frans. Fol. lxxviij. Dont les chappelains n'ont tire du principal de cent frans que soixante, lesquelx ilz ont employez en vng treul et cuuee estant à St-Jehan-des-Vignes, ainsi qu'il appert au compte rendu par maistre Claude Picot dont lesdits chappellains en joyssent, ainsi qu'ilz ont certiffie au bureau. Pour ce. . . . . . . neant.

Id.

Mestre Anthoine Rebondeaul debuoit tous les ans sept frans, lesquelx despuys Nycolas Perrin a reachetez, dont le principal qu'est lxx fr. a este donne auec aultre somme a Loyse de Pontoux. Pour ce pour lesdits lxx fr. a raison de viij pour cent. . . . . . . v fr. xii s.

Id.

Girard Charbonner de Rusilly doit, tous les ans, de rente seze gros, vt constat fol. lxxx. . . . . xvi gr.

Jehan de Bessey, seigneur de St-Germain-des-Boys, doit tous les ans six frans huit gros, vt constat fol. lxxx. . . . . . vi fr. viij gr.

Id.

Guillaume d'Artois debuoit tous les ans troys frans quatre gros, fol. lxxxi. Tenet Michiel Arnoul pour troys frans en vng feullet signe C. Rauier atache ou papier des rentes, fol. lxxx. . . . . iij fr.

Odard Bouffeaul deux frans, pr. par lettres grossees. Tenet Jehan Bouffeault, vt constat. ij fr.

Jehan de La Barre, deux frans demy. Il y a plus de cinquante ans que on n'en fust paye. Nihil, vt constat in visitatione.

Transcr veu la reprinse du compte precedent.

Maistre Pierre Picot qu'il doibuoit six frans huit gros pour le pris de quatre vingtz deux frans ou dit papier, fol. ' Tenet Loyse de Pontoux cinquante frans, et Girard Garnier la reste. Pour ce. . . . . . vi fr. viij gr.

Idem.

Et nota que les six vingtz frans, qui estoient auec ceste dicte somme, laquelle montoit en tout d'environ deux centz frans, furent recouurez selon l'ordonnance de messeigneurs les visiteurs. Et lesquelx cxx frans ont raportez les Boucq... de Nuys comme heritiers de feu M⁰ Claude Picot, car il les auoit despenduz. Et est l'argent que tient mons. de Sauldon ensamble les arreraiges et despens que quitasmes pour trante frans. En appert ou dit papier, fol.

Bene capiunt.

Transcr. comme au compte précédent.

Idem.

L'on ordonne ausdits chappellains faire dehue diligence de ceste partie, sur peine d'en estre charges.

cxxxiiij. Monseigneur de Sauldon Philibert Bouchard. . . . . x fr. viij s.

Eglantier Berbis de Seurre cinq frans, lesquelx sont perduz par aultant que les heritaiges furent venduz par decret, et les chappellains se trouuerent les darniers sans collocques, vt constat en la visitacion. Pour ce. . . . . . neant.

Christien Guarin, de Couches, quatorze frans perduz, vt constat en la visitacion darniere par Me Claude Picot. Pour ce. . . . . . neant.

Item vne obligacion receue et signee par Dumont et Josoi, en date du xxie jour de juillet mil cinq cens dix-sept, par laquelle appert que messire Odard Josey, jadis l'ung des chappellains de la dicte chappelle a receu de maistre Pierre Pynard, a son viuant chanoyne de Chalon, la somme de cinquante liures pour le principal de cinq liures de rente.

LES MAISONS APPARTENANS AUSDITS CHAPPELLAINS.

Premierement, la grand maison estant en la grant rue, laquelle a esté donnée à rente à Petit Jehan Roydet, marchant de Chalon, pour le pris et somme de quatorze frans tourn., pour aultant que pluseurs reparations y conuenoit faire et encores pour le present tous les ans luy conuient rabatre certainne somme pour l'entretenement et reparacion de la dicte maison. . . . . xiiij fr.

Item, la maison de la rue es Presbtres. N'en sera faict aulcune recepte par aultant que c'est la demeurance desdits chappellains. Laquelle maison lesdits chappellains font valoir chascun an huit frans. Pour ce. . . . . . . viij fr.

Item, appartient ausdits chappellains vne maison, vng treul et vng celier estant au lieu de Russilly, ensemble quatre-vingtz-neufz ouurees de vigne, esquelles par communes annees l'on y faict huit quebues de vin, dont lesdits chappellains en praignent les deux tiers, et doibuent en argent, pour la façon, trantes frans, et dix frans tous les ans pour la reparacion des dictes vignes, sans compte la reparacion de la maison et treul en ceste presente annee mil cinq cens vingt-quatre, qui monte à vingt frans : le tout extime, attendu les reparacions et la situation du lieu, pour ceste foys de dix frans, combien que par le compte precedent, fol. xxij, l'on en faisoit compte de trante frans. . . . . . x fr.

Au lieu de Saint-Jean-des-Vignes et de Saint-Martin-des-Champs, appartient ausdits chappellains la quarte partie des fruictz de vingt-neuf ouurees de vignes en temps de vendange, ensemble vng treul, laquelle quarte partie et treul se admodient, par communes annees, deux poinçons de vin qui peullent valoir. . . iij fr.

Item, plus deux poinçons de vin de rente sur madame de Ronsey, soit note que les lettres sont perduez du temps de Me Claude Picot; et maintenant demande ostension desdictes lettres, à cause du transport faict à Rouffard, et ne paye pas il y a long-temps mesme l'ung des poinçons. Pour ce. . . . . neant.

AULTRE DECLARATION DES PREYS
APPARTENANS A LA DICTE CHAPPELLE.

Aux chappellains de la dicte chappelle competent deux soixtures de prey assizes en la prayrye soubz Sainct-Alexandre, ou lieu dict ou petit prey, acquis par Quarrellon et Lamoureux, pour le pris et somme de vingt frans, et Jehan de la Barre de Chalon, comme appert par lettres receuez par messire Jehan Perron, le xxvie jour de nouembre mil quatre centz cinquante-neuf, registree audit papier, fol. xxxvij. L'herbe et tondue d'icelle deux soixtures peult valoir par communes annees, argent, viij gr.

AULTRE DECLARATION DE GRAINNES
DEHUEZ CHASCUN AN A LA DICTE CHAPPELLE.

Le celerier de Reuerend Pere en Dieu Monseigneur l'Euesque de Chalon doit chascun an de rente, au terme de feste St-Martin d'hyuert, deux bichetz et demy froment mesure de Chalon, en et sur le moulin assis sur la riuiere de Sonne, ou second arct du coste deuers Chalon, acquis par feurent messire Estienne Quarillon et Lamoreux, du faiz de noble homme Oddot Molain, pour le pris et somme de soixante frans, comme appert par les lettres receues par Pierre Bault, le jeudi apres la feste de St-Andrey apostre, deuxme jour de decembre mil quatre centz soixante cinq, et lesquelx deux bichetz et demy froment auoient este acquis par ledit Oddot Moulain en eschange de certaines rentes de Guillemete, vesue de feu Humbert de Beligny, de George son filz et de Marguerite sa femme, comme appert par lettres receuez par Anne Verne, le septiesme jour de septembre mil quatre centz quarante quatre, atachees aux lettres dudit vendaige faict par ledit Oddot ausdits chappellains. Signe au doz C. Pour ce ıı bichetz demy froment tauxez par communes annees ıı fr. ıııj gros.

Ayme Verrillot de Lux doit, chascun an a la Sainct Martin, vng bichet froment, lequel il y a plus de trante ans qu'il est perduz et n'en recepuent riens lesdits chappellains. Pour ce. neant.

Des diesmes de Varennes donnez et laissez ausdits chappellains par feu messire Eurard de Montaigny, jadis chappellain, en augmentation de la dicte chappelle, sans vouloir iceulx chappellains charger d'aulcune nouuelle charge, sy non de prier Dieu pour luy au memento desdits chappellains, comme appert par lettres receuez par Jehan Prieur, le vıııjᵉ jour de may mil quatre centz quatre vingtz, signee au dos F. Lequel diesme se admodie par communes annees, troys, cinq ou six bichetz au plus, moytie seigle et froment, dont ledit donateur reserua a ses parens Mathieu de Paulme et messire Jehan de Paulme, et a leurs successeurs et heritiers, deux bichetz de froment mesure de Chalon, payez par lesdits chappellains, tous les ans ausdits de Paulme, a la Sainct-Martin d'yuert. Et pour ceste annee mil cinq cens vingt quatre, a este admodie ledit diesme sex bichetz moytie seigle et froment, qu'est pour lesdits chappellains deux bichetz froment et quatre bichetz de seigle. Et en l'an ᴍᴠxxııj fust admodie quatre bichetz et demy, et en l'an ᴍᴠxxıj n'en heurent lesdits chappellains que deux bichetz moytie seigle et froment, extime par communes annees a. . . . . vıııj fr.

Somme toute de la recepte, huit vingtz liures treze solz quatre deniers. Pour ce

Rente. . . . ᴄʟx l. xııı s. ıııj d.

CHARGES ORDINAIRES

QUE SUPPORTENT LESDITS CHAPPELLAINS TOUS LES ANS.

Premierement, pour la desserte de la messe cotidienne de Nostre-Dame, laquelle se chante a aulte voix et a note. . . . . . . ʟx fr.

Item, pour la desserte des deux messes fondees par feu maistre Jehan Breton en la dicte chappelle, assauoir le samedi de Nostre-Dame et le lundi de requiem. . . . . . . xıı fr.

Aux quatres assistans respondans la dicte grand messe a note, a chascun d'eulx neuf frans. Pour ce. . . . . xxxvı fr.

Au fabricien de la dicte eglise. . . . x s.

A messeigneurs les visitateurs. . . . x s.

Ausdits deux chappellains a quatre assistans deuant nommez pour la desserte de cinq messes fondeez en la dicte chappelle par ledit feu maistre Jehan Breton, lesquelles se celebrent le dymanche, mardi, mecredi, jeudi et vendredi du ferial, selon le jour, a chascun quatre frans, que sont pour les dictes cinq messes. . xx fr.

Au marrellier de la dicte eglise, pour sa peine de sonner chascun jour pour la dicte messe fondée par ledit Reuerend. . . . . ı fr. dem.

Pour le luminaire, tant en torche que cierges. . . . . ıııj fr.

Des voyageries et messageries, et des proces et fraiz pour lesquelx lesdits chappellains font chascun an grandes missions, aussi pour le maintenement et reparation des maisons, et argent que demeure aulcune foys longtemps sans profiter. . . . . xxv fr. dem.

Item, est considere que les dessusdictes rentes auoyent estez acquises a dix pour cent, lesquelles rentes lesdits chappellains de jour en jour réduisent à huit pour cent, en donnant de leurs denyers et arreraiges, affin de non diminuer la dicte rente.

Somme toute de la despence, sept vingtz dixneuf liures, et pour ce. . . . ᴄʟıx livr. tour.

Ainsi doiuent lesdits chappellains pour plus auoir receu que missionne. trante troys solz quatre denyers. Pour ce. . xxxııı s. ı:ıj den.

Signé : G. de Rene, L. Symon, de Gonthier, de Palma, du Boys.

DECLARATION DES ORNEMENTZ

ET HABITZ D'EGLISE QUE DE PRESENT SONT EN LA CHAPPELLE NOSTRE-DAME DE PITIE, FONDEE PAR FEU Mᵉ JEHAN GERMAIN.

Et premierement, vne chasuble de damas blanc; l'offroy est armoye de ses armes, auec feuillaige garnis d'estolle et manipule.

Item, vne chasuble de satin pars armoye des dictes armes en l'offroy garnie d'estolle et manipule.

Item, vne aultre chasuble de damas rouge; l'offroy il y a vne Nostre-Dame et en escript Jesus Maria.

Veuz et visitez par messeigneurs maistres Girard de Reno, Anthoine de Salins, Fabriciau, Chanoynes, et messiʳᵉ Jehan de Paulme, chorial de l'église de Chalon, l'an mil cinq cens vingt quatre le xıxᵐᵉ jour de juillet.

Item, vne chasuble commune a tous les jours, de futainne rayee garnie comme dessus.

Item, vng gros messel en parchemyn, armoye des armes dudit fondateur.

Item, vng petit abreuie de messes.

Item, vng abreuie de greal a chanter la messe par les assistans.

Item, treze nappes telles quelles.

Item, sept aulbes telles quelles. Item, dix amis que dessus.

Item, deux petites seruiettes pour le lauabo.

Item, neuf corporaulx.

Item, deux corporaliers : l'ung couuert de drapt d'or pars bien vieulx, l'aultre il y a vne annunciade dessus paincte.

Item, deux chandeliers de cuyure.

Item, quatre chenettes d'estaing, deux grandes et deux petites.

Item, deux petits coussins de satin pars a mettre sur l'aultel.

Item, deux paix : l'une ou il y a vne croix descaille de perle, l'aultre de boys a tous les jours.

Item, vng pulpitre carre de boys, seruant aux assistans.

Item, vng grand coffre de chaigne, seruant a mectre les habitz.

Item, vng petit plat d'estaing seruant au lauabo, que a donne messire Anthoine Prothelet par aultant qu'il n'en y auoit point.

Item, le chausseaul qu'est a l'entour de l'autel garny de custode de sarge tout à l'entour, et par dessus treze chandeliers d'estaing que a donne ledit messire Anthoine Prothelet.

Item vng fergeul ou acquerot qu'est affige deuant le tumbeaul dudit maistre Jehan Germain.

Facent les modernes chappellains poursuyte contre les heritiers des predecesseurs chappellains du temps, desquelz l'on dict que le calice d'argent de ladicte chappelle a este perdu.

Soit parle a messeigneurs du chapitre de la chappe de velours figuree d'ouvraige d'or a ouffroiz de sandal rouge, semee de paillete d'argent, armoyee des armes dudit Me Jehan Germain, pour ce que l'en dict icelle estre es mains et puissance desdits seigneurs.

Signé : G. de Rene, A. de Salins, de Palma, C. Gonthier, du Boys.

Recepte du reuenu de l'augmentacion et addition faicte a la chappelle de feu reuerend pere en Dieu messire Jehan Germain, euesque de Chalon par feu messire Girard Regnaul, presbtre, nepueur dudit reuerend pere, au profist des aumones, ordonneez estre faictes chascun an que font messires Anthoine Prothelet et Anthoine Juillet, presbtres, chappellains de ladicte chappelle, en la maniere que s'ensuyt.

Et premierement baillent deux frans de rente dehuz chascun an, par messire Jehan Cheureul de Fontainne pour la moytie de quatre frans restans de six frans de rente comme appert ou papier des pouures, fol. 1°. Pour ce. . lj fr·

Et quant aux aultres deux frans de rente, lesdits chappelains en sont en proces contre les heritiers de feu messire Odard Josey, a son vivant conchappellain de la dicte chappelle, qui auoit receu quarante frans pour le reachat desdits deux frans. En appert ou dit papier, fol. 1. Signe par J. Du Mont et J. Josery.

Loysé de Pontoux de Chalon ou lieu de feu Jehan Blanchard, bolengier, doit, chascun an, quatre frans de rente. Pour ce. . . . . iiij fr.

Pierre Quillon doit, chascun an, ung franc de rente. N'en font recepte les chappelains pour ce que sont dix ans passez qu'il n'en fut rien receu et ont este les assignaulx decretez a requeste des prieurs et confreres de saint Crespin.

De Perrenet Prost du Fraigne que debvuoit chascun an vng franc de rente, n'en recepuent rien les chappellains, pour ce que les assignaulx ont estez decretez sont trante ans passez. Pour ce. . . . . neant.

Des heritiers de feu Philiberte, jadis femme de feu Pierre Cornet, qu'ilz doibuent tous les ans treze frans quatre gros, fol. vii, viij, ix et x, n'en rendent rien lesdits chappellains pour ce que feu maistre Claude Picot a receu le principal enuiron douze ans auant qu'il morust et comme tiennent les chappellains escript de la main de mons. Guynet, depuis n'en fut rien receu combien que ledit seigneur Guynet comme il disoit en auoit assez fait son debuoir. Pour ce. . . . . neant.

Messire Jehan de Paulme doit tous les ans dix frans de rente pour le pris et somme de cent cinquante frans, assis et assignez sur sa maison assise audit Chalon, declaree es lettres receuez par J.•Tyelley le vingtiesme jour d'octobre mil iiij°LXXVIij, registree audit papier, fol. x. Pour ce. . . . . x fr.

De Guillaume Maillot de Verdung, qu'il debuoit dix frans de rente n'en raporte rien lesdits chappellains pour ce qu'ilz estoient desia perduz du temps de la visitation que fust en l'an mil quatre centz quatre-vingtz et huit, ainsi qu'il appert ou compte dudit au fol. xxiij. Pour ce. . . . . neant.

De Guillaume Maire, heritier de feu mestre Claude Febure, que doit chascun an deux frans par luy venduz, pour le pris de trante frans assignez sur plusieurs heritages declarez es lettres sur ce faictes, receuez par J. Thielley le vᵉ jour de juillet mil iiij°LXXVIij, registrees au dit papier, fol. xiij. N'en rendent rien lesdits chappelains pour ce que sont dix ans que aulcune chose ainsi que aulcune foys leur a afferme feu mons. Guynet. Pour ce. . neant.

Dudit Guillaume Maire, qui doit chascun an de rente aultres deux frans assignez sur les assignaulx, confinez oudit papier, fol. N'en rendent rien lesdits chappellains pour la cause que dessus.

Anthoine Rouffard, escuyer, seigneur admodiateur de Granges, en lieu de Guillaume Le Roux, heritier de Francoys Le Roux cinquante frans de rente qui doit chascun an appert par lettres grosses et receuez par S. Du Boys. — Pour ce.' . . . . L fr.

De messire Claude Des Champs, admodiateur de la seignorie de la Louhiere, en la portion desdits chappellains, des diesmes, rentes, censes, loux que exploitz de justice, vingt frans. Pour ce. . . . . xx fr.

Des heritiers de feu messire Pierre de Verey, jadis chevalier, a son viuant vendit dix liures six solz tournoys de rente audit maistre Girard Regnaud, en son propre et prive nom, laquelle rente ledit seigneur assigna sur ses terres d'Ouzenay et de Gratey, et apres certains partiages faictz auec son frere, assigna audit archidiacre ladicte rente sur vng prey assis a Germolles pres de Classi, appelle le prey du Breul, pour sur le profist et emolument de l'herbe dudit prey, leve chascun an ladicte rente de dix frans six solz tournoys, venduz pour le pris et somme de deux centz six liures tournoys, comme l'en dict apparoir par les lettres receuez

par Jehan de Lion, notaire de Mascon, le douziesme jour de juillet mil iiij°LXXV, laquelle rente de dix frans six solz ledit archidiacre a transporte aux chappellains par la tradition des dictes lettres, signe au dos H. Et toutesfoys lesdits chappellains n'en recepuent rien pour ce qu'ilz ne tiennent ledit prey la n'ont enseignement aulcun des lettres dessus dictes. Pour ce. . . . . neant.

De Philibert de Boucanxaul ou lieu de Pierre de Prouence, marchant de Chalon, qu'il doit chascun an deux frans et demy de rente pour le pris de cinquante frans assignez sur certains heritaiges declarez es lettres sur ce faictes et grossees par J. Laineri, notaire, le xiiijᵉ de feburier mil iiij°LXXX et quatre. Pour ce. ii f. dem.

De Jehan Toitton de Mascon, qu'il deuoit chascun an huit frans, maistre Girard Regnaud receu le principal de quatre frans de rente, vt constat fol. xvi et fol. xxiij des aultres quatre frans. Feu mons. Guynet me dict souuent qu'il n'en receu jamays rien et qu'ilz furent reachetez du temps de maistre Claude Picot. Pour ce. . . . . neant.

Ausdits chappellains compete et appartient deux soictures de prey au lieu dict en prey nouueaul, et huit andains de prey es maretz de Crissey, es tiers deuers bize, que vaillent par communes annees deux frans. Pour ce. . ii fr.

Item, troys quartz de soictures ou lieu dict en la Praye, lesdits chappelains ne les tiennent pas et feurent venduz par feu maistre Claude Picot. Pr. en la precedente visitation, fol. xvij. Pour ce. . . . . neant.

Item, troys journaulx de terre en lieu de Cressey, que vaillent par communes annees dix boisseaulx froment, tauxe. . . . . xx gros.

La tierce partie d'vne maison assise a Chalon, en la rue es Febures, laquelle tumbe de tous costez et ne la ferions reparer pour cent frans. Pour ce. . . . . neant.

La tierce partie de quatorze gros de cense dehuz par le Maire de Crissey, qu'est pour lesdits chappellains quatre gros huit nicquetz. Pour ce. . . . . iiij gr. viij n.

De la vendu des boys a chauffe au lieu de Louhiere, n'en font point de recepte lesdits chappellains, car il n'est pas temps de dix ans de le cuillir.

Des loux et remuaige dehuz a cense ce contient en ladicte admodiation.

Des exploitz de justice et espauues est contenu en la dessus dicte admodiation.

Les chappellains ne rapportent cy aulcune chose du principal des deux centz cinquante cinq frans demy, restant de la maison luy vendue par feu maistre Girard Regnaud, archidiacre pour ce qu'ilz dient qu'ilz n'ont aulcuns tiltres et ne s'en treuue aultre chose que ce qu'est escript ou derrier compte, fol. xviij ou il est en la postille.

Des sept articles contenuz a la fin du derrier compte, montans a la somme de seze centz quatre vingtz dix sept liures en principal, n'en rapportent rien lesdits chappellains ou present compte, pour ce qu'il ne leur appert de tiltres ne que a traite receu ou manie lesdits denyers.

Somme toute de la recepte monte a quatre vingtz douze liures dix huit solz dix denyers ob. Pour ce. . . . xcii liv. xviij s. x d. ob.

DECLARATION DES CHARGES

TANT ORDINAIRES QUE EXTRAORDINAIRES QUE SONT TENUZ LESDITS CHAPPELLAINS PAYER CHASCUN AN , A CAUSE DES FONDACIONS FAICTES PAR FEU MAISTRE GIRARD REGNAUD, ARCHIDIACRE DE CHALON.

Et premierement, lesdits chappellains sont tenuz de supporter, fournir et balillier chascun an , le jour de St-Andrey, en aulmosne a trante pauures, tant hommes que femmes, a chascun d'eulx troys aulne de gris pour vne robbe, au pris de quatre gros l'aulne; trante paires de chaulces par moytie a vs d'hommes et femme, pour chascune paire d'homme deux tiers d'aulne, et a vne chascune femme vng tiers d'aulne au

pris que dessus , et aussi trante paires de souliers a trante pauures, moitie hommes et femmes, pour chascune paire soulliers d'homme troys gros , et pour chascune femme deux gros; qu'est en somme pour le drap desdictes robbes et chaulces cent cinq aulnes en estroit, chascune aulne au pris de quatre gros monte le tout a trante cinq frans, lesquelles cent cinq aulnes pour la Sainct-Andrey mil cinq cens vingt-quatre ont coustez.

Somme toute, tant pour ledit drap que pour les souliers , cy. . . . . . . xli fr. iij gr.

Plus sont tenuz lesdits chappellains de supporter et fournir chascun an , vng chantel general, le mercredi au sonne de Pasques, a Sainct-Vincent et a tous presbtres chantans, quatre blans, lequel pour l'an cinq cens vingt quatre a couste trante frans, y comprins le luminaire, hosties et vin. . . . . xxx fr.

Item , sont tenuz de donner et distribuer a chascun de mesdits seigneurs les visiteurs, a chascun d'eulx deux frans, qu'est en somme huit frans , et c'est pour la peine et labeur d'iceulx seigneurs, et de donner les roles des pauures a la Toussains. . . . . . . viij fr.

Item , lesdits chappellains font missions et despens chascun an , de la somme de vingt frans et plus pour recouurer et recepuoir les denyers de rentes dessus declaireez, tant a faire decret que aultres executions et voyages. Pour ce. xx f.

La despense monte a quatre vingtz dix neuf liures cinq solz tourn. Pour ce. . xcix l. v s.

Ainsi doit la recepte a la despense six liures six solz vng denyer ob. Pour ce. vi l. vi s. i d. ob.

Signé : G. de Rene , Symon, C. Gonthier, de Palma, du Boys 1.

---

1 Les archives de Mâcon possèdent un grand nombre de pièces relatives à la chapelle de Notre-Dame-de-Pitié. Les titres m'en ont été fournis par mon excellent ami, M. l'abbé Perrotin, curé de Prissé ; qu'il reçoive ici tous mes remerciements.

VŒU

DE LA VILLE DE CHALON A SAINT-CHARLES-BORROMÉE.

(1629)

Par M. l'abbé **BUGNIOT**, **Membre résidant de la Société d'Histoire et d'Archéologie de Chalon-sur-Saône.**

Le vendredi, neuvième jour du mois de mars, mil six cent vingt-neuf, la ville de Chalon était en grand émoi. Elle venait d'apprendre une désolante nouvelle : la peste était à ses portes, elle commençait à se manifester à Saint-Jean-des-Vignes. Aussitôt le maire, Enoch Virey, convoque à l'Hôtel-de-Ville l'assemblée générale; on déclare, d'une voix unanime, que le péril est immense ; on décide que l'on doit mettre en quarantaine hommes et marchandises avant leur entrée dans Chalon, et que les mendiants étrangers seront rigoureusement exclus. On comprend cet effroi, lorsqu'on sait les ravages que le fléau avait naguère exercés à Lyon ; le nombre des victimes dans cette ville s'éleva, dit-on, à soixante mille [1]. Mais toutes ces sages précautions n'empêchèrent pas l'invasion de la maladie. Le 19 mars, la peste régnait à Chalon. Immédiatement on organise des secours ; une ambulance est établie près les granges des Carmes pour recevoir les malades pauvres ; des hommes sont chargés de s'enquérir des maisons infectées et de les déclarer, afin d'en enlever les pestiférés. La ville se charge des indigents et des nécessiteux; elle les fera soigner à ses frais [2].

Grande est la mortalité ; le dévouement et l'abnégation du clergé sont à la hauteur du mal. Prêtres réguliers, curés, vicaires, habitués des paroisses, capucins surtout, rivalisent de zèle et de charité. Dédaignant toute précaution et se fiant à la

---

[1] Il y avait à Lyon 80 filles de Ste-Catherine, 60 moururent. Le corps médical perdit 8 médecins et 70 chirurgiens. Les ouvriers en soie succombèrent en grand nombre ; les imprimeurs furent presque tous victimes. Beaucoup de prêtres, de capucins, de jésuites payèrent de leur vie leur dévouement. (*Histoire de Lyon*, par M. MONFALCON.)

[2] Voir les registres de la ville de Chalon.

Providence, ils abordent les malades sans hésiter, ils les visitent sans crainte, et souvent ils les ensevelissent de leurs propres mains. Sentinelles vigilantes, ils vont aux ambulances comme à un poste d'honneur; on les y rencontre le jour et la nuit. Où le danger est le plus terrible, où les morts s'amoncellent en plus grand nombre, c'est là qu'on est certain de les trouver, le visage rayonnant d'une inaltérable, d'une angélique sérénité. Ils savent qu'en s'exposant à la maladie et en donnant leur vie pour leurs frères souffrants, ils marchent sur les traces du Christ, et qu'ils seront récompensés par une gloire immense et par une éternelle félicité. C'est dans la pensée du ciel, leur future et prochaine patrie, qu'ils puisent ce courage héroïque[1]. Les capucins de Beaune portent envie aux religieux de Chalon; ils ambitionnent leur place au chevet des mourants; ils désirent se dévouer comme eux et avec eux; plusieurs viennent s'installer dans les quartiers de la cité les plus maltraités par le fléau[2].

Malgré la sollicitude vigilante de la municipalité, malgré les soins assidus et empressés des médecins, le mal augmente et prend d'effrayantes proportions. Le deuil et l'épouvante sont partout, partout la mort. On a fait appel à toutes les ressources humaines; toutes ont été employées sans résultat satisfaisant. La détresse est extrême, à qui s'adresser? Les Chalonnais se rappellent que, dans de semblables circonstances, leurs pères implorèrent la miséricorde de Dieu et recoururent à l'intervention de quelque saint puissant au ciel[3]. Comme leurs ancêtres, ils prient d'abord Dieu, le maître de la vie et de la mort, de la guérison et de la maladie; puis ils choisissent pour leur avocat l'illustre saint Charles Borromée, dont les prières avaient obtenu la cessation de la peste qui dépeuplait Milan.

Le 17 juin 1629, au retour d'une procession générale, vers la fin de la grand'messe célébrée au maître-autel de la cathédrale de Saint-Vincent, le maire, les échevins et le procureur-syndic, après avoir reçu le précieux corps de Notre-

---

[1] Ce n'eût point été pendant le cours de cette peste qu'on aurait mis en question l'utilité des congrégations religieuses; elles acceptèrent avec empressement un service qui devait être pour beaucoup de leurs membres une sentence de mort. Ces hommes pieux ne cherchaient pas la louange pour leurs actions, qu'ils trouvaient fort simples; leur récompense était ailleurs... (*Hist. de Lyon*, par M. MONFALCON.)

[2] Registres de la ville de Chalon.

[3] En 1429 la peste désolait Chalon. Dans une assemblée générale, on choisit pour patron de la ville le glorieux évêque saint Loup. On fit vœu de lui offrir tous les ans un cierge de cire neuve, qui devait être allumé près de son tombeau pendant la messe qu'on célébrait en son honneur. L'an 1495, la cité chalonnaise se mit sous la protection de saint Sébastien, pour obtenir, par son entremise, la cessation de la peste, qui avait fait une nouvelle apparition. « La » ville s'en est si bien trouvée, dit le père Perry, » qu'on fait tous les ans une procession géné- » rale le jour de la feste de saint Sébastien, et » on dit au retour une grande messe à son » autel. » (PERRY, pages 298, 302.)

Seigneur Jésus-Christ, font un vœu solennel. Ils s'engagent, pour eux, pour leurs successeurs et pour tous les habitants, à invoquer et à considérer désormais comme le patron de la ville saint Charles-Borromée. Chaque année, le troisième jour de novembre, veille de la fête du saint cardinal, le maire, les échevins et les autres principaux officiers sont obligés à un jeûne rigoureux ; le lendemain, tous doivent communier à la messe solennelle, chantée à l'autel de saint Charles. Le luminaire et les différents frais de cet office sont à la charge de la cité. Avant le service divin, on doit assister à une procession générale, dans laquelle est portée triomphalement l'image de saint Charles ; les pauvres qui l'ont accompagnée reçoivent chacun une aumône d'*un sol vaillant douze deniers*. On chôme le quatre novembre comme le saint jour du dimanche [1]. L'évêque de Chalon, Jacques de Neufchèzes, par une ordonnance datée de Dijon, approuva ce vœu [2]. Le chapitre de Saint-Vincent, dans sa séance du 3 septembre 1629, autorisa les officiers municipaux à faire leur dévotion pour le vœu de Saint-Charles à l'autel de saint Christophe, *qui est proche le treillis du chœur* [3]. En 1633, le pape Urbain VIII accorda une indulgence plénière à tous les fidèles qui, ayant rempli les conditions requises pour gagner les indulgences, visiteraient la chapelle de Saint-Charles, depuis les premières vêpres de la fête jusqu'au coucher du soleil, le 4 novembre ; cette indulgence n'était valable que pour *sept ans ;* je n'ai pas vu qu'on l'eût renouvelée [4].

Le maire, les échevins et le procureur-syndic avaient manifesté l'intention d'ériger, aux frais de la ville, un autel en l'honneur de saint Charles Borromée. En 1651, ils réalisèrent ce désir. « Les magistrats ont fait bastir cet autel, avec » un portrait en relief de saint Charles, habillé en cardinal, avec une corde au » col, ainsi qu'il la porta à une procession générale, où il chemina nuds-pieds et » avec une grosse croix de bois sur les épaules, pour implorer la miséricorde de » Dieu, et obtenir la cessation de la peste qui désolait la ville de Milan. Dans le » milieu de cet autel, il y a un beau tableau en platte peinture. Ce grand saint y » est peint à genoux devant un crucifix. On a gravé au-dessus de ce tableau » l'inscription suivante, sur un marbre noir, en lettres d'or : *Ex voto M. P. Q.* » *C. P. 1651.* Le saint Sacrement y est exposé dès les premières vêpres, y » demeure tout le long du jour de la feste, et n'en est point tiré que pour donner » la bénédiction au peuple après que le salut y est chanté. Le feu sieur Burgat, » doyen de la cathédrale, a fondé le service de cette feste, et constitué une rente » de vingt-cinq livres par an pour la distribution du chœur [5]. »

[1] Voir ci-après les pièces relatives au vœu de saint Charles.

[2] Voir ci-après l'ordonnance de l'évêque de Chalon.

[3] Archives du chapitre.

[4] Idem.

[5] PERRY, page 445.

Pendant plus d'un siècle ce vœu fut scrupuleusement accompli. Le troisième jour de novembre, le procureur-syndic veillait à ce que l'autel de saint Charles fût décemment orné ; il envoyait le luminaire nécessaire pour les trois jours. Les magistrats assistaient en robe noire aux premières vêpres et à la bénédiction. Le 4 novembre, ils suivaient la procession générale, entendaient la grand'messe et les vêpres, toujours revêtus du même costume. Ces touchantes cérémonies ne cessèrent que lors de la fermeture des églises, au temps de la République.

Lorsque les prêtres furent rappelés de l'exil et les sanctuaires rendus aux catholiques, un des premiers soins du curé de Saint-Vincent fut de remettre en honneur le culte de saint Charles Borromée. La statue fut replacée sur son autel ; l'inscription primitive fut rétablie, seulement on y ajouta ces paroles édifiantes : *Vovére patres pro peste sedandá, nunc pro fide servandá.* En même temps on y mit un tableau représentant le sacré Cœur de Jésus ; et un seul autel réunit deux dévotions. Union pleine d'enseignement ! Elle disait aux fidèles qui venaient prier : « Ce fléau, » qu'on nomme la peste, a cessé de ravager les peuples et de coucher dans le » tombeau les générations humaines. Mais un autre fléau, non moins terrible, » attaque les âmes, les endort dans une dangereuse indifférence ou les infecte » d'une mortelle impiété. Vos pères accouraient dans nos temples pour obtenir » la cessation des maladies contagieuses ; imitez leur piété ardente et sollicitez de » Dieu et des saints l'avénement du règne de la foi dans toutes les consciences. »

En 1854, le choléra s'abattit sur Chalon ; il installa le deuil à un grand nombre de foyers. Dans ces tristes conjonctures, M. Bourdon, curé de la cathédrale, rappela à ses paroissiens les sentiments de leurs aïeux et les promesses qu'ils avaient faites autrefois. Tant que dura l'épidémie, on vit les âmes pieuses se presser autour de l'autel de saint Charles et lui adresser leurs plus vives supplications pour être délivrées du fléau.

Tout récemment, des réparations indispensables nécessitèrent le déplacement de la statue et de l'autel de saint Charles. Ils se trouvent aujourd'hui dans la chapelle du collatéral gauche, contiguë à celle de Saint-Joseph. Ce lieu sera désormais exclusivement consacré à la mémoire du grand archevêque de Milan ; il sera pour la postérité un vivant témoignage de la piété des Chalonnais.

ORDONNANCE

Pour le vœu de la feste de SAINT CHARLES BORROMÉE, faicte à la prière de MM. les magistrats et habitants de la ville de Chalon, le 13 juin 1629 [1].

Jacques de Neufchezes, par la permission de Dieu évesque et comte de Chalon, conseiller du roy en ses conseilz d'estat et privé. Les présentes et pressantes calamités du mal contagieux continuant de travailler et affliger les habitans de notre ville de Chalon, ne pouvant trenver remèdes plus prompts et salutaires que d'implorer la miséricorde de Dieu, à ce que, par l'intercession de saint Charles de Borromée, il pleust à la bonté divine appaiser son courroux et retirer sa main vengeresse de nos délicts et forfaicts, causes principalles du mal, auroient esmeu les magistrats et habitans de notre dicte ville de recourir à l'aide et secours de ce grand sainct, lequel autrefois auroit desjà obtenu de Dieu, par son mérite, la cessation d'un semblable mal en la ville de Milan. Iceux magistrats et habitans nous auroient faict entendre qu'à cest effect ils auroient voué à perpétuité de chommer en nostre dicte ville, le jour de la feste du dict saint Charles qui eschet au quatriesme de novembre, et que la veille d'icelle lesdicts magistrats, annuellement et perpétuellement, jeusneroient et le lendemain, jour de la dicte feste, iceux confessez communieroient et recevroient ensemble le précieux corps de Notre-Sauveur et Rédempteur Jésus-Christ, désirans sur ce notre approbation. Nous inclinans à la très-louable piété et dévotion desdicts magistrats et appreuvans leur vertueux zèle et dessein, avons par ces présentes commandé et ordonné, commandons et ordonnons à tous les curez des paroisses de notre dicte ville et faubourgs d'icelle, d'annoncer cy-après et perpétuellement à leurs prosnes ladicte feste de saint Charles, chommable, comme le sainct jour de dimanche, à chaque jour quatriesme de novembre., à commencer la présente année. Et afin que le peuple chalonnois en soit mieux adverty, nous ordonnons que samedy prochain l'on jeusnera en notre dicte ville et faubourgs, à dévotion toutefois, et que le lendemain dimanche, dix septiesme du présent moys, procession générale sera faicte, et qu'en icelle sera portée l'image dudict saint Charles pour estre après posée sur le grand autel de notre église cathédrale Saint-Vincent dud. Chalon (attendant qu'on ayt construit un autel en l'honneur de Dieu et de saint Charles), où, la procession finie, sera dicte la grande messe en l'honneur de Dieu et dudict sainct Charles, en laquelle se communiront les maire, eschevins et officiers de la mayson de notre dicte ville; et lesdicts magistrats seulement demeureront obligez à perpétuité au jeusne et à la communion, invitans le reste de la ville et faubourgs à la mesme dévotion. Ordonnons en outre que, pendant la continuation du présent mal, chaque jour seront faictes processions en toutes les églises, tant séculières que régulières, à cinq heures du soir, où seront dictes les litanies des saints, sauf les mecredy et samedy que l'on dira celles de Nostre-Dame. Voulant les présentes estre affichées aux places publiques de notre dicte ville. Faict à Dijon ce treiziesme jour de juin mil six cent vingt-neuf.

Signé : JACQUES DE NEUFCHEZE, E. de Chalon.

Par ordonnance de Monseigneur,

Signé : BIDAULT.

DÉCLARATION

Des sieurs Maire, Eschevins et Procureur-Scindic de la ville de Chalon [1].

Lesquels sieurs maire et eschevins et procureur-scindic ont unanimement déclaré d'avoir, le dix-septiesme dudit mois, après le retour d'une procession généralle et sur la fin de la grand messe célébrée au grand autel de la ditte église St-Vincent, recepvant le précieux corps de Nostre-Seigneur Jésus-Christ, faict vœu à Dieu, en leurs noms et de ceux qui leur succederont ausdictes charges et de tout le peuple de la ditte ville, d'invoquer et tenir dorénavant pour patron et advocat céleste saint Charles Borromée, à ce qu'il plaise à Dieu par les mérites et intercessions de ce grand saint délivrer la ditte ville du mal contagieux et impitoyable de la peste, présent et advenir, et de chommer et férier annuellement et perpétuellement la feste au quatriesme jour du mois de novembre. La veille de laquelle sera faict jeûne, ainsy qu'il a esté appreuvé et enjoinct par monseigneur le révérendissime évesque et comte de la ditte ville, et qu'il sera dressé un autel en la ditte église soubz le titre et invocation dudit saint Charles Borromée, aux frais de la ditte ville, pour y estre cy-après faicte procession généralle, et à la fin de laquelle donné une aulmosne un sol vaillant douze deniers à chacun des pauvres qui auront assisté à la ditte procession, et après sera célébré au grand autel une grande messe à diacre et sous-diacre, et le luminaire fourny par la ditte ville, sur la fin de laquelle messe lesdicts sieurs maire et eschevins, procureur-syndic et aultres officiers de la ditte ville recepvront le précieux corps de Nostre-Seigneur après avoir jeusné la veille de la ditte feste, et que tous les chefs de famille seront aussy tenus audit jeusne et à la ditte communion les susdits jours, soit en la ditte église ou autre, le tout ainsy et à la manière qu'il a esté fait le susdit jour; et, pour ce, ils ont prié lesdits sieurs vénérables doyen, chanoines et chapitre de la ditte église de leur donner acte de ceste desclaration et la faire mettre et rédiger sur le présent registre.

Desquelles déclarations lesdicts sieurs vénérables ont donné et octroyé acte ausdits sieurs maire, eschevins et procureur-syndic, et ordonné qu'elle sera enregistrée, ce qu'a esté faict.

Signé sur le livre des actes dudit chapitre, VIREY, DE THESEUT, GIROUD, PETIT, BERTHAULD. PICARD et BLONDEAU. »

[1] Archives de Mâcon.

TABLE DES MATIÈRES.

Chalon-sur-Saône, Imp. de J. Dejussieu.